나는 왜 이유 없이 불안할까

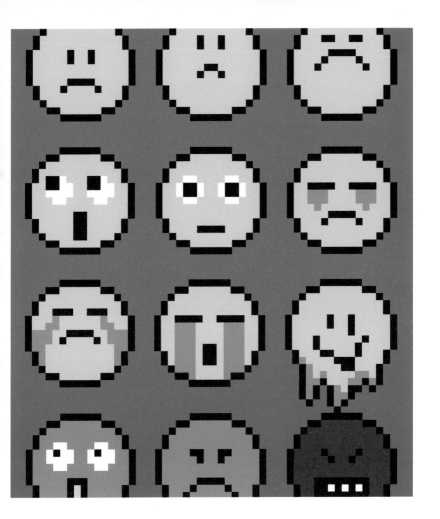

하지현

나는 왜 이유 없이
불안할까

Changbi Publishers

책머리에

얼마 전 늦겨울 한파가 며칠 동안 지속되던 중, 일부 지역에 폭설 경보가 내렸습니다. 마침 오전에 강원도에서 일정이 있던 저는, 오래 전에 잡힌 약속을 미룰 수 없어 새벽에 집을 나섰습니다. 사륜구동 승용차를 몰 것이었고 고속도로까지만 가면 괜찮지 않을까 싶었습니다. 그렇게 서울을 벗어나 광주-원주고속도로로 진입했습니다. 갑자기 눈발이 강해지고 길 위에 눈이 쌓이는 것이 확연해지더군요. 속도를 늦춰 조심히 운전을 이어갔고, 그러다 터널에 들어가게 되었습니다. 터널 안은 바깥보다 사정이 좋았습니다. 안심이 된 저는 살짝 긴장을 풀고 운전을 계속했습니다. 드디어 긴 터널이 끝나고 밝은 빛이 쏟아져 들어왔습니다. '평소보다 밝네…'라고 중얼거리는 순간, 이 빛이 눈 때문이라는 것을 깨달았습니다. 아스팔트 위에 쌓인 눈에 빛이 반사되어 제 눈을 때린 것이었지요.

그때였습니다. 차바퀴가 헛돌기 시작했습니다. 게다가 내리막길이라 반사적으로 브레이크를 밟자 차는 더욱더 제어를 벗어났고, 핸들을 이리저리 돌리다가 왼쪽 차선의 SUV 차량을 겨우 피하고 우측으로 밀려 내려가서 뒤쪽 범퍼를 도로 벽에 박고 나서야 겨우 차의 속도가 줄어들었습니다. 휴게소에 도착해서 파손 정도를 확인하니 망연자실한 마음뿐이었습니다. 목적지 부근의 강설량이 더 대단하다는 전언을 듣고 일정을 취소한 뒤 서울로 돌아왔습니다.

서울로 되돌아가는 시간은 불안과 긴장의 연속이었습니다. 조금만 차가 흔들려도 무섭고 차선을 이동하는 것도, 핸들을 살짝 비트는 것도 겁이 났습니다. 운전을 한 지 30년이 넘었지만 이런 불안은 처음이었습니다. 운전 능력에 대한 자신감이 근본부터 흔들렸습니다. 온몸에 힘을 주면서 두 손으로 핸들을 잡고 있는데, 20대 때 처음 운전을 배우던 시절로 시간여행을 온 것 같았습니다.

우여곡절 끝에 수리 센터에 차를 입고하고 보험 처리까지 하고 나서 까페에서 따뜻한 커피를 한잔 마시자 그제야 긴장이 풀리고 노곤해지더군요. 허리가 살짝 뻐근하다는 신호도 그때서야 느껴졌습니다. 하지만 머릿속은 여전히 복잡했습니다. 다른 차와 부딪히지 않았고, 다치지도 않았고, 차량 파손도 경미한 수준이라는 것은 참으로 다행이었지만, 자칫 크게 다치거나 죽을 수도 있었다는 위기는 처음 겪는 일이었기 때문이었습니다. 놀란 가슴이 쉽게 진정이 되지 않는 상태가 며칠 이어졌고, 지금도 시내에서 차를 운전하면서도 길이 미끄러우면 순간 그 전과는 다른 수준의 불안이 머리와 몸에서 진동합니다.

불안은 그런 것입니다. 우리의 삶은 계획대로 되지 않고 안전은 언제든 위협을 받습니다. 그럴 때는 나를 지켜주기 위한 경보 신호가 울리기도 하고, 그 후유증이 남아 오래 가기도 하는 것입니다. 특히나 나의 생명이 걸린 사건이 벌어지고 나면 지금의 내가 갖고 있는 것, 내 능력에 대한 의심이 생기기도 하죠. 그게 사람이란 존재의 특성입니다.

우리는 불안이 생기면 어떻게든 그것을 없애고 싶어합니다. 불안은 증상이니까 증상은 없애야 하는 것이 당연하다고 여깁니다. 그러나 이럴 땐 불안의 본질을 이해해야 합니다. 불안은 나를 지켜주기 위해 존재한다는 사실을요. 내가 놀랐다는 것은 일상에서 보지 못하던 새로운 위협이 등장했다는 신호이고, 거기에 적절히 대응하기 위해 내 몸과 마음의 자원을 동원해서 평소보다 경계의 수준을 높이라는 지시를 내려주는 것입니다. 상황이 끝나면 불안은 사라지고 경계는 그에 맞춰 정상화하면 되는 일입니다. 혹과 같이 떼어내야 할 증상이 아니라, 마치 혈압처럼 순간 올라갔다 내려가는 현상이라고 보는 것이 더욱 타당합니다. 그러니 완전히 없애는 것이 아니라 정상범위 안에서 잘 관리하는 것이 목표가 되어야 합니다.

이 책은 유튜브 채널 '아만보'를 중심으로 제가 불안에 대해 이야기한 내용을 엮어 만들었습니다. 독자들이 전문 지식을 좀더 쉽게 이해할 수 있게 해주는 '교양 100그램' 시리즈의 콘셉트에 맞추어 불안에 대한 여러 내용을 친절히 풀어서 설명하고자 노력했습니다. 현대 사회가 살 만하고 무척 편리한데 그럴수록 불안을 느끼는 사람은 늘어나는 역설, 불안을 느끼는 사람의 몸과 뇌에서 벌어지는 현상, 연령대별로 느끼는 불안이 다른 이유, 불안을 관리하고 잘 다스리기 위해서 우리는 어떤 마음가짐을 가져야 할지 등이 담겨 있습니다. 가장 마지막에 쓰고 있는 이 '책머리에'에서는 제가 겪은 최근의 경험을 공유해보았습니다. 불안을 느끼는 데 있어선 누구도 예외가 아니라는 의미로.

아무쪼록 이 얇고 단단한 책이 불안에 대한 오류와 편견을 걷어내고 그 실체를 바로 이해할 수 있게 도움을 줄 수 있었으면 합니다. 그리하여 궁극적으로 여러분들이 불안을 집에서 파수꾼 역할을 하는 반려견처럼 여기고, 함께 잘 지낼 수 있기를 바랍니다.

하지현

나는 왜 이유 없이 불안할까

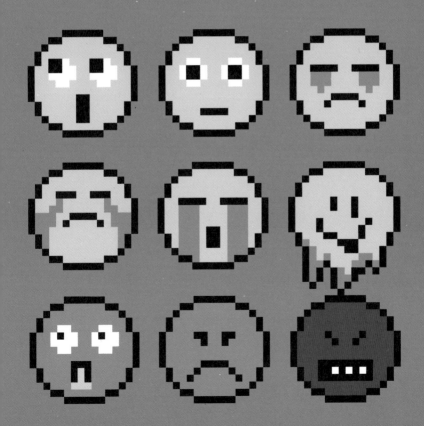

"불안할 이유가 없는데
불안해요"

안녕하세요. 저는 정신건강의학과 전문의이고 현재 건국대학교병원에서 근무하고 있는 하지현입니다. 내과가 소화기, 심혈관, 내분비 등으로 나뉘듯이 정신건강의학과도 세부 전공이라는 것이 있는데요, 저는 '정신신체의학'이라는 분야를 진료하고 있습니다. 생소하신가요? 정신신체의학이란 말 그대로 몸과 마음의 상호작용을 다루는 것으로, 병원에서 검사를 해보니 이상소견이 없는데도 복통, 두통, 만성통증과 같은 증상이 지속되어 고생을 하는 분들이나 암, 뇌경색, 심근경색과 같은 중증 신체질환 이후에 생길 수 있는 심리적 어려움을 겪는 분들을 돕는 분야입니다.

제가 진료실에서 주로 만나는 분들은 불안과 우울, 특히 불안을 호소합니다. 그런데 정신신체의학과의 특성상 저는 정신질환의 범주에서 진단과 치료를 해야 하는 심각한 불안보다,

평범한 사람들이 일상에서 경험하는 차원에서 불안을 바라볼 기회가 무척 많았습니다. 그래서 이 책에서 저는 다분히 평범하다고 자신을 규정하는 사람들이 일상적으로 겪는, 하지만 그렇다고 절대 사소하게 치부해서는 안 되는 감정, 불안에 관해 이야기해보려고 합니다.

흥미로운 사실은, 불안할 이유가 없는 분들이 불안을 호소하며 저를 찾아온다는 겁니다. 가령 이혼을 하거나 실직을 했다든지, 사업이 잘 안 된다든지 하는 힘든 일을 겪고 난 다음이라면, 또 무언가를 새로 시작하기 전이나 중요한 시험을 앞두었을 때라면 불안한 건 너무도 당연하지요. 그런데 사회적으로 성공하고 정말 원하던 것을 이룬 사람들, 저만 해도 주변을 볼 때 정말 잘 지내는 것 같아 보이는 분들도 불안하다고 저를 찾아오세요.

이런 분들과 이야기할 때 공통점이 있습니다. 본인이 생각해도 불안할 까닭이 없는데 불안하다는 거예요. 승진을 해서 연봉이 오른 분, 원하던 대학에 떡하니 붙은 분, 승승장구하며 많은 사람들의 부러움과 존경을 받는 분… 이렇게 별일 없거나 일이 잘 풀리고 있는데도 불안해하는 분들이 참 많은 겁니다.

사실을 말씀드리자면 저도 그럴 때가 있습니다. 저는 아침에 커피를 마시려고 커피머신을 예열할 때가 하루 중 가장 좋아요. 그때부터 한 시간 정도 책 보고 글도 쓰고 하거든요. 그런데 그때 이상하게 불안이 오는 겁니다. 하루 중 가장 평화로운 그때 말이에요. 그래서 저를 돌이켜보지요. 내가 무슨 큰일을 놓치고 있나 하고요. 하지만 그런 건 없어요. 아이들도 큰 문제 없이 다 스무살을 잘 넘겼고 어머니도 건강하세요. 제 주변 일도 그냥 잘 풀립니다. 근데 이상하게 이 불안이라는 것이 평온한 호수에 잔물결을 일으키고 있는 거예요.

불안 때문에 저를 찾아온 분들은 공통적으로 불안이 제로가 됐으면 좋겠다고 말합니다. 한 톨의 불안도 안 남았으면 좋겠다고요. 행복과 불안은 양 극단에 있으니까 행복 쪽으로 움직이면 불안은 그만큼 줄어들어야 하는 것 아닐까, 불안이 없어지는 순간 우리는 궁극의 안정과 편안함을 느낄 수 있는 것이 아닐까, 물으면서요. 불안이 사라지지 않는 지금 상태를 불안해하면서 말이지요. 그런데 불안이 사라지는 것, 그게 가능할까요?

생각해봅시다. 불안을 전혀 느끼지 않는 사람은 어떤 사람이라고 생각하시나요? 답은 매우 위험한 사람입니다. 예를 들면 8차선 도로를 그냥 건너가는 사람이에요. '설마 날 치겠어?'

하고요. 또 중요한 시험 전날 그냥 잠만 자는 사람이지요. 흔히 사이코패스라고 부르는 이들, 이런 사람들이 불안을 전혀 느끼지 않는 사람들이에요.

저는 범죄 드라마를 자주 보는데 그중에서도 「CSI」라는 미국 드라마를 좋아합니다. 범죄 현장으로 매회가 시작되죠. 주인공인 과학수사대 대원들이 피해자의 상처를 유심하게 살피면서 말합니다.

"이건 킬러의 소행이야."

뭘 보고 그런 말을 한 걸까요? 급소를 정확히 찔렀고, 무엇보다 칼로 상처를 낸 모양이 깔끔했기 때문일 것입니다. 만일 보통 사람들이 다투다가 칼부림을 하게 되면 무척 화가 났거나 흥분한 상태였을 테고, 그러니 사람을 찌르더라도 아무래도 주저하거나 서투르니까 상처 부위가 울룩불룩하고 피부가 찢겨 나가겠죠. 그에 반해 킬러는 주저하지 않고 아주 침착하게 자기 일을 합니다. 하나도 불안하지 않아요. 상대가 놀라고 무서워한다고 해도, 반격을 하거나 몸부림을 쳐도 하나도 불안해하지 않기 때문에 상처가 깔끔할 겁니다.

이렇듯 아주 극소수의 사람들은 보통 사람에 비해서 불안을 느끼는 역치가 현저히 높습니다. 하지만 그게 마냥 좋기만

한 것은 아닙니다. 불안을 전혀 못 느끼는 사람을 심리적인 한
센병에 걸렸다고 비유하기도 해요. 한센병을 앓으면 신경이 손
상돼서 통증을 느끼지 못하고 상처가 나도 인지하지 못하기 때
문에 추가적인 감염의 위험이 크거든요.

이 이야기를 하는 까닭은, 적당한 정도의 불안은 나를 지
키는 기능을 한다는 말씀을 드리기 위해서입니다. 다만 이게
불편하고 낯설고 힘들어질 때 증상으로 규정하는 것이죠. 우리
가 '불안'이라고 이름 붙였을 뿐 감정 자체는 잘못이 없어요.
불안도 감정의 한 종류일 뿐이라는 이런 맥락에서 저는 불안에
대해 겁부터 먹거나, 무조건 없애야 할 무언가로 생각하지 않
았으면 좋겠다는 말씀을 드립니다.

모두가 생각합니다. 언제쯤 내 불안이 사라질까. 대학에 가
면, 취업에 성공하면, 졸업 논문만 쓰면, 좋은 배우자를 만나면,
집 한채 열심히 일해서 마련하면… 결론부터 먼저 말하자면 불
안은 사라질 수 없습니다. 너무 비극적인가요? 하지만 여러분
께 위로를 드리자면 불안은 길들일 수 있습니다. 또 잘만 길들
이면요, 내 삶의 원동력이 됩니다. 그러기 위해선 무엇이 필요
할까요? 아는 만큼 보인다고 하죠. 일단 불안이 뭔지 이해해야
합니다. 내가 무언가를 두려워하고 있다면 그것을 볼 줄 아는

눈을 갖는 겁니다.

　이 책에서 저는 불안이 무엇인지, 내가 불안이라고 이름
붙이고 싶어하는 이 감정의 정체는 무엇인지 묻고 답해보려고
합니다. 나아가 불안과 어떻게 건강하게 더불어 살 수 있을지
에 대해 이야기해보겠습니다.

싸울까
도망갈까

먼저 불안이라는 단어를 살펴볼까요? 불안은 한자 아니 불 자(不)와 안전할 안 자(安)로 풀어 쓰지요. 간단히 말해 안전하지 않다고 인식하는 겁니다. 우리 인간에게 가장 중요한 건 무엇일지 생각해볼까요? 돈과 명예? 아닙니다. 안전과 생존입니다. 가령 내가 숨을 쉬고 밥을 먹고 잠을 자고 하는 것들. 즉 어떤 일이 있어도 우리에게 제일 첫번째로 중요한 건 살아남는 것입니다. 생존이 걸린 일이라면 행복이나 즐거움, 올바름, 의미 따위의 것들은 다 나중 번호표를 받게 됩니다. 죽고 나면 모든 것이 없는 일이 돼버리니까요.

여러분 혹시 그런 경험 해보셨어요? 어디 공원 잔디밭에 누워 있으면 왠지 잠이 안 오다가도 그늘막이라도 하나 치면 잠잘 수 있어요. 이상하게 사방이 뻥 뚫린 데서는 잘 수가 없었는데 말이죠. 또 까페에 가면 벽 쪽의 자리부터 앉게 되지, 공간

한가운데 앉으려 하지 않잖아요. 이렇게 우리는 본능적으로 무방비 상태를 피하려고 해요. 아주 동물적으로 안전을 찾는 경향이 이렇게도 나타납니다.

생존을 위한 이런 안전장치가 뇌에서는 어떻게 작동하는지 살펴볼까요. 우리의 뇌는 안전하지 못하다고 인식하는 상황이 닥치면 몸을 준비시킵니다. 이것을 '싸울까 도망갈까 반응'(fight or flight reaction)이라고 합니다. 스트레스에 어떻게 반응하는지에 대한 이야기인데요. 우리 뇌에는 편도 (amygdala)라는 기관이 있습니다. 포유류부터 발달하는 기관으로 우리의 감정회로의 중심에 위치합니다. 특히 우리가 의식하지 못하는 무의식적 감정을 처리하는 역할을 하는데요, 어떤 상황이 발생했을 때 일단 달려드는 태세로 갈지, 아니면 먼저 위험을 피할지 그 방향부터 정하는 게 우리의 생존과 안전을 위해 필요하기 때문에 발달하게 된 거지요. 그러니까 편도는 이것저것 따지지 않고 일단 눈앞의 것이 위험한지 아닌지를 감별하기만 합니다.

불안은 바로 이 편도와 관련 있습니다. 반려견을 데리고 산책을 나왔는데 굉장히 큰 개를 만났다고 해봅시다. 상대 개가 으르렁합니다. 그러면 우리 개가 깜짝 놀라고 몸을 움츠리고 털을 바짝 세웁니다. 몸이 먼저 반응하는 것이죠. 그러고 나서야 이 큰 개가 정말로 위험한지 아닌지, 입마개를 했는지 안 했는지를 조심스레 파악합니다.

이처럼 불안은 생각하기 전에 먼저 반응이 옵니다. 일단 반응하고 보는 게 안전하기 때문입니다. 위험을 신중하게 분석하느라 달려오는 개를 막지 못하면 다칠 수도 있잖아요. 먼저 반응하고 보는 게 생존에 확실히 유리합니다. 그러니까 이성적으로 생각해라, 판단해라,라는 말이 불안에는 통하지 않습니다. 이렇게 상황을 비관적으로 해석하고 불안을 느끼는 개체가 살아남아 존속되었을 거고 그 후손이 지금의 우리입니다.

여기에 더 보태자면 개인차가 있습니다. 예기치 못한 상황을 위험하다고 인식하는 것이 우선인 사람의 비율이 높은 것을 인정하고 넘어간다면, 또 그중에서도 더 예민한 사람이 있습니다. 스펙트럼의 관점에서 봐도 좋을 것 같습니다. 같은 유전자를 갖고 태어난 쌍둥이라고 해도 자라면서 개에게 물려보거나, 자동차 사고를 당한 쪽과 다행히 그런 경험을 안 한 쪽은 위험을 인식하는 감도가 다를 수밖에 없겠죠. 살아가면서 겪는 경험들이 불안을 증폭시키는 역할을 합니다. 그걸 과학적으로는 유전-환경 상호작용이라고 한답니다.

이쯤에서 불안과 공포를 헷갈려하는 분들이 계실지도 모르겠습니다. 무언가를 겁내고 두려워한다는 점에서 둘이 비슷하다고 생각할 수도 있겠지요. 차이점은 공포는 '○○을 무서워한다'는 목적어가 있다는 것입니다. 즉 폐쇄공포, 고소공포, 피공포와 같이 분명히 피하고 싶은 대상이 있습니다. 여기서 신기한 점은 '전기공포'는 없다는 것이에요. 많은 사람들이 한 번쯤은 전기에 찌릿 하고 놀란 적 있는데 말이지요. 전기는 우리가 사용하기 시작한 지 100년 정도로, 진화적으로 공포의 대상이 되기엔 너무 짧은 시간밖에 지나지 않았기 때문입니다. 그에 반해 물, 높은 곳, 좁은 곳은 모두 우리의 생존과 관련해서 아주 오랫동안 위험한 상황이라고 인식할 수 있는 것들이죠.

갈수록 더 많은 사람들이
불안해하는 까닭

그럼 오늘날과 같이 발달된 사회 속에서 '불안'이라는 것은 없어져야 하지 않을까 하는 의문이 남습니다. 옛날에 비해서 안전하고 쾌적하지요. 천적같이 우리 생명을 위협하는 것들도 많이 없어졌고 자연재해 등을 관리하는 시스템도 상당히 좋아졌습니다. 예전과 비교하면 우리의 생존을 위협하는 요소는 비약적으로 줄어들었습니다. 그런데 사람들은요, 전보다 더 많이 불안을 느낍니다. 저는 여기에서 하나의 역설을 봅니다. 사는 게 편해진 만큼 불안을 느낀다는 사실을요.

현대인의 불안과 원시인의 불안은 다를까요? 뇌의 관점에서 본다면 똑같습니다. 물론 토끼의 불안과 뱀의 불안은 좀 다릅니다. 방금 설명했듯 파충류에서 포유류로 넘어가면서 편도가 형성되었기 때문에 둘 사이에는 확실한 차이가 있지만, 같은 포유류인 토끼와 인간의 뇌는 구조적으로 같다고 생각할 수 있겠습니다. 그러니까 원시인이 느끼는 불안과 현대인이 느끼는 불안의 증상은 같아요.

저는 요즘 사람들이 더 많이 불안해하는 이유를 불편을 느끼는 역치가 너무 낮아진 것에서 찾고 싶습니다. 옛날에는 참을 만하던 것들이 고통으로 느껴지는 거예요. 에어컨 없는 한여름 선풍기만으로 버텨야 된다고 생각해보세요. 아마 상상도 안 가는 분들이 많을 겁니다. 요즘은 실내가 조금만 더워도 에어컨을 켜버리잖아요. 그런데 우리가 언제부터 에어컨을 사용했다고 이렇게 조금의 더위도 참을 수 없게 된 거죠? 에어컨이 없던 시절에는 생존이 불가했던가요?

50년 전만 해도요, 동네 집들의 창은 기본적으로 좀 더러웠습니다. 닦는 게 싫으니까 아예 갓유리로 된 집도 많았어요. 깨진 유리를 그대로 둔 집도 허다했습니다. 지금은 대부분의 사무실이나 집의 창은 매우 깨끗합니다. 그런데 그런 창이더라도 아주 가까이에서 손을 한번 대보면 먼지가 묻어나옵니다. 그걸 없애기 위해서는 매일매일 강박적으로 창을 닦아야 할 거예요. 깨끗하려면 그래야 한다고 주장하는 사람도 있겠습니다만 그게 쉽지도 않고 또 옳은 일인지도 의문이지요. 저는 강박불안이 있는 환자들에겐 제 진료실 창문을 보여드려요. 어때요, 먼지가 좀 묻어 있지만 쓰는 덴 문제가 없지 않느냐고요. 우리가 너무 깨끗하게, 깔끔하게 살다보니까 불안의 역치가 너무 낮아진 것이라고요.

우리가 할 일은 우리에게 더 많은 불안이 생겼다는 점을 인정하는 겁니다. 그래도 불안을 없애고 싶다면, 완전히 깨끗한 창을 가지고 싶다면 흥미로운 연구 하나를 들려드리겠습니다. 2015년 뉴잉글랜드의학저널에 발표된 논문에 따르면, 4~11개월 사이 어린아이 600여명을 두 그룹으로 나누어서 한 그룹의 아이들에게는 땅콩을 그냥 먹게 하고 다른 그룹에게는 절대 땅콩을 노출하지 않았다고 합니다. 그리고 몇년이 지난 다음 아이들의 면역력을 조사했더니 땅콩을 먹였던 아이들의 보호성 면역이 증가한 것으로 나타났어요. 땅콩 알레르기가 3% 정도밖에 안 생겼습니다. 그에 반해 땅콩을 절대 먹지 못하게 한 아이들의 경우에는 전체의 17%에서 땅콩 알레르기가 발생했습니다.

위험을 제거하려고 하니 위험에 취약한 개체가 늘어난 것이죠. 불안 역시 면역과 마찬가지입니다. 우리의 삶이 편리해지고 쾌적해질수록 작은 불편이 고통의 대상이 되면서 이를 완전히 제거하고 싶어하고, 그러지 못하면 견디지 못하고 불안해하면서 위험하다고 여기는 사람이 늘어나는 것입니다. 그런 맥락에서 적당한 불편, 적당한 수준의 더러움, 적당한 수준의 모자람은 감수하고 지내보려고 노력하는 태도가 정신건강을 위해서는 더 나은 것이고 최소한 불안의 문턱을 높이는 데에는 도움이 된다고 말씀 드리고 싶습니다.

죽을 것 같지만
결코 죽지 않는 병

그럼 불안은 어떻게 발생할까요? 우리가 이름 붙였으니 불안이라고 느끼는 감정이 어떻게 발생하는지 묻는 게 더 정확하겠죠? 우리의 마음은 마음 안에서 일어나는 일과 몸 밖의 현실 세계에서 내 감각기관으로 들어오는 모든 정보에 깨어 있는 동안 쉬지 않고 반응을 합니다. 그리고 그 자극들 중에서 불안이라는 감정으로 의식하는 일이 벌어지는 것이죠. 그런 현상을 들여다보기 위해서는 두가지 요소를 살펴야 합니다.

어떤 문제가 우리 앞에 있다고 칩시다. 중요한 시험이나 프레젠테이션일 수도 있고요 아니면 성대하게 마련한 가족 행사일 수도 있습니다. 우리가 평온한 상태를 50으로 놓는다면 이 특수한 상황이 스트레스 수준을 20 올리는 70 정도일지 아니면 100 정도의 위중한 문제로 볼지는 뇌가 결정하는 일입니다. 이때 70으로 판단하고 70만큼의 반응을 하는 게 적당한 긴장입니다. 그런데 70 정도 긴장하면 될 일을 100으로 판단하는 경우가 있습니다. 그러니까 그렇게 위험한 게 아닌데 상황을 잘못 판단하는 일이 있다는 거죠. 이게 첫번째, 과잉 측정입니다.

두번째는 나의 반응입니다. 이번에는 70으로 정확하게 판단했어요. 그런데 내 몸이 100의 스트레스를 겪는 것처럼 과잉 반응하는 겁니다. 예를 들어 집에 손님이 오신다 그러면 불고기 굽고 있는 반찬 차려서 대접하자 이럴 수도 있는데, 손님이 뭘 좋아할지 몰라서 고기도 차리고 회도 차리고 반찬도 열개쯤 새로 해서 놓는 거예요. 그러면 준비하다 지쳐버리고 다시는 손님 부르지 말아야지 싶어지죠. 남는 게 모자라는 것보다 낫다고 생각하는 분들 많이 계시죠. 그런 분들이 대부분 자동적으로 과하게 반응하다 지치는 경향이 있습니다. 이렇게 과잉 평가와 과잉 반응, 두가지 중 하나만 있어도 우리는 불안하다고 여기게 됩니다.

이렇게 비유해볼 수 있겠네요. 내 마음 안의 센서가 무척이나 예민해서 작은 진동에도 지진이 난 것처럼 요동을 치는 것, 그리고 살짝만 건드렸는데 확 튀어올라 쥐의 발을 잡아버리는 쥐덫같이 매우 강하고 빠른 반응성을 갖는 것이라고도 볼 수 있습니다. 그런데 더 나아가 만일 불안을 감지하는 센서가 오작동을 하고, 심하게 반응을 해서 꺼지지 않는다면? 그때는 병이라고 할 만한 상황이 된 것입니다. 가장 대표적인 질환 하나를 들어 설명해볼까 합니다.

바로 '공황장애'입니다. 공황발작은 쉽게 말해 우리 몸에 비상벨이 켜지는 겁니다. 위급한 상황에 있는 전투기 조종사가 마지막 순간 탈출하기 위해 누르는 버튼 있죠. 내 몸이 그 정도로 위험하다고 판단될 때만 누를 수 있도록 만들어놓은 그 버튼이 눌릴 때 공황 증상이 오게 됩니다. 그런데 실제로 그런 일이 벌어지지도 않았는데도 죽을지 모른다는 긴박한 두려움을 느낀다는 게 문제죠.

공황장애가 바로 민감한 센서에 과잉 반응이 결합한 질환입니다. 몸이 일종의 오작동을 일으키는 거예요. 단순히 조금 많이 불안하다고 공황발작이 왔다고 하지 않아요. 아주 짧은 몇분 안에 솟구쳐서 도저히 통제하지 못하고, 죽을 것 같고, 뭐라도 하지 않으면 견딜 수 없을 것 같은 심한 불안으로 호흡수나 심박수가 현저히 올라가는 상태가 반복되어야 공황발작으로 진단합니다. 물론 유사한 증상을 수반하는 심장이나 내분비계 문제를 배제해야 하겠죠.

출근길 지하철에 사람들이 꽉 차 있으면 답답하죠. 그때

숨이 살짝 막히는 것을 생명에 가해지는 위협으로 오인해서 과호흡이 옵니다. 혹은 엘리베이터를 타고 올라가다가 덜컹 하고 살짝 흔들렸는데 갇혀서 죽을지 모른다는 위험을 느끼고 심장이 분당 180회 이상 터질 듯이 뛰어요. 이성적으로는 그 정도로 위험하지 않다고 나를 안심시키고 싶지만 순식간에 걷잡을 수 없는 속도로 불안해지기 시작해 로켓이 날아가듯 끝까지 가버립니다. 어떨 때에는 구급차로 응급실에 도착할 때까지 과호흡과 심박수 상승이 멈추지 않을 때도 있습니다.

그런데 신기한 것은 일단 응급실에 와서 안심을 하고, 약간의 진정제를 복용하거나 몇가지 검사를 하고 나면 언제 그랬냐는 듯이 정상으로 돌아오는 것이지요. 처음에는 심한 부정맥이나 심근경색, 혹은 뇌경색이 아닐까 무서웠지만 도리어 "심장은 이상이 없고 공황장애 같으니 정신건강의학과를 가보세요" 같은 말을 듣습니다.

죽을 것 같이 무서운 경험을 반복하지만 절대 죽지 않는 허깨비 같은 병. 공황장애를 겪는 환자들은 증상이 생겼던 상황을 어떻게든 피하려고 합니다. 그러다보니 일상의 활동반경이 확 줄어들어버리는 문제를 겪기도 해요. 심한 분들은 전철을 못 타기도 하고 아파트 엘리베이터에 갇힐까봐 10층까지 매번 걸어 올라가는 분들도 있습니다.

그런데 이렇게 생각해볼 필요도 있습니다. 2012년 스카이다이빙 중 자율신경계의 반응성에 대한 연구가 있었습니다. 여러분께 지금 당장 스카이다이빙을 해보라고 한다면 잔뜩 긴장해서 가슴이 미친 듯이 뛸 거예요. 이건 극히 자연스러운 현상입니다. 그런데 매일같이 하늘에서 뛰어내리는 프로 스카이다이빙 선수들은 어떨까요? 카메라를 향해 여유로운 웃음을 보이며 비행기에서 떨어지는 모습을 보다보면 그들은 전혀 긴장하지 않을 것 같고, 심장이 콩닥콩닥 뛰지도 않을 것처럼 느껴집니다. 그런데 연구에 따르면 프로 선수들도 뛰어내리는 그 순간에 일반인들과 똑같이 분당 150회 이상 심장이 뛴다는 거예요. 한쪽은 무서워서 심장이 뛰는 것으로 해석하고, 다른 한쪽은 재미있겠다며 몸이 흥분된 상태로 인식하는 겁니다.

그러니까 같은 상황에 똑같은 자극을 받는다면 같은 스트레스를 받았다고 할 수 있습니다. 하지만 각자 살면서 겪고 경험한 바가 다르기 때문에 상황과 자극을 보는 관점이 다를 수밖에 없어요. 그래서 스트레스 요인의 객관적인 심각도보다 더 중요하게 봐야 하는 것이 주관적 해석이고 전후 맥락의 파악입니다. 같은 스트레스에 대해 몸은 똑같이 반응을 하는데 그걸 어떻게 인식하느냐에 따라서 불안을 느낄 수도, 내가 충분히 감내할 만한 자극으로 느껴 대수롭지 않게 넘어갈 수도 있는 것입니다.

　공황장애의 치료도 이러한 주관적 해석과 관련하여 이해할 수 있습니다. 일단 심한 불안은 약물 치료를 시작하고 며칠 안에 좋아져요. 그러고 나서 머릿속에 남아 있는 불안의 잔상과 공황을 자극하는 상황에 대한 거부 반응을 서서히 줄여나가는 작업을 하지요. 내 안전을 위협할 것 같던 자극을 객관적으로 보고 일상에서 겪을 수 있는 일이라는 맥락 위에 재배치하는 것입니다. 사실 공황장애는 치료하기 어려운 병은 아닙니다. 위의 과정을 통해 대부분 몇달 안에 회복되는 모습을 보이고 그래서 치료하는 보람도 큽니다.

불안한 사람의 머리에서
일어나는 일

앞서 언급한 대로 불안은 실제 무슨 일이 일어났는가도 중요하지만, 그 사람이 처한 상황과 맥락을 함께 파악하는 것이 더 중요합니다. 그 일의 객관적 심각성보다 그것을 인식하고 해석하고 판단하는 개인적 맥락이 감정 반응에 더 많은 영향을 주기 때문이죠.

에런 벡(Aaron Beck)이라는 학자는 정신분석이 주류를 형성하던 20세기 중반에 인지치료라는 새로운 방식을 통해 우울증 같은 정신질환을 치료하고자 했습니다. 그에 따르면 우울과 불안이 있는 사람들의 경우 생활사건을 접할 때마다 자동적으로 부정적인 생각에 사로잡히게 되는데 이를 자동사고(automatic thought)고 부릅니다. 이 부정적 사고의 프레임에 갇힌 사람들은 자신에게 벌어진 일을 실제보다 훨씬 나쁜 식으로 왜곡해서 인식할 수밖에 없는데요, 대표적으로 세상에는 위험한 것과 안전한 것, 딱 두가지로 갈린다는 흑백논리나 하나를 알면 모두를 알 수 있다고 지나치게 빨리 예단해버리는 과잉일반화, 내 앞에 놓인 일들이 모두 최악의 결과를 불러일으킬 것이라고 믿는 재앙화 같은 것들이 있습니다. 스쿨버스에 치일 뻔한 사람이 노란색 차만 보면 움찔 놀라고 겁을 먹는 사례도 이와 같은 인지왜곡의 한 예입니다.

벡이 핵심적으로 꼽은 개념은 부정적 인지 삼각형(cognitive triad)이라는 것으로, 스스로를 판단하는 자기상(self-image), 내 주변 환경, 그리고 미래라는 세가지 요소를 자동적으로 파악하고 판단하는 성향입니다. 만성적으로 우울한 생각을 하는 사람은 스스로를 못난이라고 여기는 자기비하, 내 주변 일은 내게 안 좋은 방향으로 돌아가고 있다는 생각, 미래는 비관적일 것이라는 굳은 믿음에 휩싸여 있습니다. 그렇다면 불안이 심한 사람은 어떤 인지적 왜곡을 겪고 있을까요? 나는 취약하고 깨지기 쉬운 존재라고 믿고, 내 주변은 정글같이 위험한 환경이라고 여기며 앞으로 재난 영화처럼 위험한 일만 연쇄적으로 벌어질 것이라 추정하는 것입니다.

한편 기질적으로 불안한 성격으로 타고나는 경우도 있습니다. 예민한 사람이라는 말 한때 유행했죠. HSP(Highly

Sensitive Person), 매우 민감한 사람이라고 말하기도 해요. 세상에 불안한 것이 없어서 '괜찮을 거야' 하고 무심하게 살 수 있는 사람이 있는 한편, 아주 작은 바스락거리는 소리 하나도 나에게 위험하거나 해가 될 수 있을지 모른다는 긴장 속에서 사는 사람들이 있습니다. 물론 제가 자주 만나는 분들은 후자에 가깝죠.

뉴욕에서 이런 연구가 있었습니다. 그런 아이들 있죠? 등에 무슨 센서 달린 것처럼 바닥에 눕히면 귀신같이 알고 우는 아이들. 그런데 어떤 애들은 너무 순해서 그냥 둬도 가만히 있다가 우유 주면 손으로 받아서 꾹꾹 잘 먹는 애들도 있어요. 이렇게 날 때부터 까탈스럽고 예민한 아이와 그렇지 않은 애들을 15여년간 꾸준히 관찰했답니다. 그랬더니 처음부터 민감하던 아이는 좀 커서 놀이터에 가도, 먼저 다른 친구들에게 다가가지 않고 혼자 자기 장난감 갖고 놀더라는 거예요. 초등학교 가서도 막 발표하고 싶어서 손들고 그러지 않는대요. 약간 내향적인 성향이 그대로 쭉 간다고 합니다. 순한 아이들은 외향적인 아이로 성장할 가능성이 크고요. 순한 기질의 아이가 친구들에게도 잘 다가가고 장난도 잘 치고, 청소년기까지 그런 모습이 쭉 관찰된다는 연구 결과들이 다수 있습니다.

요새는 많은 분들이 MBTI를 하지요. 옛날에 유행하던 혈액형 심리학보다는 진일보했다고 보지만(웃음) 100여가지 문항에 대한 답으로 사람을 열여섯 종류로 가름하는 것은 신뢰도나 정확도 면에서 좋다고 볼 수는 없습니다. 다만 MBTI의 가장 앞 글자 있죠? 내향형(Introversion)과 외향형(Extroversion)을 가르는 것만은 그래도 꽤 신뢰도가 있습니다. 실제 심리검사나 연구에서 많이 사용하는 TCI, NEO-PIR과 같은 성격척도 평가에서도 이름만 다를 뿐 두 성향을 일관적으로 가름합니다.

즉, 내향성과 외향성은 두가지 가장 큰 성격 카테고리로 나눌 만하다고 할 수 있습니다. 내향성은 주로 세로토닌(serotonin)이란 신경전달 물질과 높은 연관성을 갖는 경향이 있고, 외향성은 도파민(dopamin)과 연관되어 있습니다. 세로토닌이 충분히 분비되지 않는 경우 우울, 불안 수치가 높아지는데요, 이러한 세로토닌에 크게 영향을 받는 사람들은 민감, 예민하고 위험을 회피하려는 성향이 두드러집니다. 위에서 설명한 매우 민감한 사람은 극내향성이라고도 할 수 있는 것이죠.

그에 반해 도파민은 보상, 호기심, 중독과 더 큰 관련성을 갖습니다. 도파민은 새로운 경험이나 자극에 의해 분비되는데 그러기 위해서는 적극적이고 도전을 즐기는 성향이어야 하겠죠. 어떤 행동으로 말미암은 보상을 내향적인 사람보다 더욱 적극적으로 받아들이고, 오히려 외부 자극이 없는 상태를 지루해하는 모습을 보입니다. 이 때문에 중독과 같은 문제가 발생하기도 하지만요.

두 성향은 아주 어릴 때부터 눈에 띄게 서로 다른 방향으로 자라나는 것이라는 관찰 연구가 무척 많습니다. 쌍둥이를 대상으로 한 많은 연구에 따르면 내향성과 외향성 기질은 40~50%는 유전된다고 합니다. 타고나는 정도가 반이나 된다는 말이지요.

뿐만 아니라 세로토닌과 도파민, 기질로 내향성과 외향성은 특정한 정신질환의 발생과도 긴밀한 연관이 있습니다. 내향성 기질이 있는 사람의 경우 우울, 불안, 강박, 공포증과 같은 정신질환에 더욱 취약하고, 외향적 기질을 가진 사람은 알코올이나 약물 사용 질환, 주의력결핍과잉행동장애, 품행장애, 도박 중독 등 행위중독 같은 질환과 관련되어 있습니다.

몸이라는 탁자와
마음이라는 물컵

이렇게 나누어서 살펴보겠습니다. 몸에는 통증, 정신에는 불안. 몸에 통증이 있다는 건 그 부분에 신체적으로 문제가 생겼다는 의미죠. 즉 통증이라는 거는 내 몸 안 어디에서 문제가 생겼다고 우리에게 신호를 보내는 겁니다. 마음이 불안하다는 것도 마찬가지예요. 지금 뭔가 잘못 돌아가고 있다는 신호죠. 그런데 둘은 전혀 별개의 문제는 아닙니다. 너무너무 튼튼하시던 분들도 정신적으로 무척 건강하던 분들도 암에 걸리면 와장창 무너지는 경우 많아요. 암 걸린 분들의 우울증 치료가 제 전문 중 하나라 저는 그런 분들을 많이 접합니다.

어떻게 보면 무척 유물론적인 얘기죠. 우리에게 익숙한 '나는 생각한다, 고로 존재한다'라고 하는 데카르트식의 몸과 마음 개념과는 정반대의 이야기입니다. 탁자가 내 몸이고 그 위에 물컵처럼 정신이 있다는 거죠. 몸이 흔들리면요 아무리 잘 관리하려고 해도 멘탈은 함께 흔들릴 수밖에 없어요. 컵에 든 물을 아무리 쏟지 않으려고 애를 쓴다고 해도 컵이 올려져 있는 테이블이 계속 흔들리는데 어떻게 그게 되겠어요? 우리가 흔히 몸 튼튼 마음 튼튼이라고 하지, 마음 튼튼 몸 튼튼이라고 말하지 않습니다.

그래서 신체에 통증이 생기면 마음도 불안해져요. 내 몸이 보내는 신호에 에너지를 쏟기 때문에 그렇죠. 또 거꾸로 불안한 사람은 내 몸에서 벌어지는 통증 신호에 굉장히 민감해져요. 이런 걸 우리가 '신체형 장애'(somatoform disorder)라고 얘기합니다. 예를 들면 계속 소화가 안 되고 속 쓰리고 온몸이 여기저기가 아픈데 내시경 하고 엑스레이 찍어봐도 아무것도 안 나오는 거예요. 그러면 그때 정신과로 보내거든요.

살면서 우리 몸의 작은 신호들은 일상적으로 생길 수밖에 없어요. 지금 저도 허리가 약간, 잇몸이 조금 아픕니다. 하지만 평소 그 정도 통증은 그냥 무시하고 살지요. 그런데 이미 정신적으로 너무 불안하거나 예민해진 사람은 몸의 통증이 1의 수준으로 발생해도 10이라고 느낍니다. 마치 툭툭 떨어지는 빗방울을 홍수를 불러올 집중호우의 신호로 인식하는 것이지요. 그러니 뭔가 큰 문제가 생겼을 것이라는 판단을 하고 그에 맞는 대응을 하는 것입니다.

특히나 이전에 신체에 이상이 있었던 분들은 더합니다. 환자 중에 조기 위암 걸리셨던 분이 있습니다. 요새 위암은 조기 진단 후 위절제술 하면 오래 걸리지 않아 회복하는 경우가 많습니다. 위를 반 정도 자른 다음 6개월에서 1년 지나면 일상생활 하시는 분들 많아요. 그런데 이분이 한두해 굉장히 절제하며 살다가 친구분들이랑 함흥냉면을 먹었어요. 매운 거죠. 속이 쓰려 위에 통증이 오니 갑자기 덜컥 불안해진 거예요. 병원에 가서 당장 내시경 해야 한다 뭐다 한바탕 난리가 났다가 내과 선생님이 정신과 가보라고 권하고 그 기다리는 사이에 좋아졌어요. 사실은 제산제 먹고 괜찮아질 문제였던 거예요.

이처럼 몸과 마음은 늘 서로 상호작용을 합니다. 신체 통증이 있으면 불안은 올라갈 수밖에 없고 불안해지면 신체 통증을 많이 느낄 수밖에 없는 구조지요. 중요한 건 하나하나에 너무 집착하기보다 내가 느끼는 통증과 불안을 몸이 내게 보내는 어떤 신호라고 넉넉히 생각하는 마음가짐입니다.

앞서 언급했듯 몸에는 통증, 마음에는 불안이라고 보면 어떨까요? 신호를 적절하게 인식해서 잘 대응하면 되는 것입니다. 이 통증과 불안을 내가 건강하고 안전하게 지내기 위한 시스템이 작동하고 있다는 증거로 보자고요. 마치 화재경보기처럼 불이 나면 우리가 알게 해주고 소방서에 신고해서 출동할 수 있게 하는 것이라고요. 물을 끓이기 위해 부엌에서 가스불을 켠 것을 화재가 났다고 바로 119에 전화해버리지 말자는 말입니다.

짜증도 그런 신호 중 하나입니다. 여러분 살면서 짜증 많이 나시죠. 그런데 짜증이 뭘까요 물어보면 다들 대답을 잘 못하세요. 한번 생각해보세요. 짜증이 뭘까요. 짜증은 사실 혼자 있을 때는 잘 모릅니다. 혼자 가만히 있을 때는 잘 모르다가 누가 툭 건드리면 뭔가 확 올라오고, 그제야 아 내가 짜증나 있었구나 알 수 있죠. 보통 때 같으면 그러지 않을 텐데 내가 지쳐 있거나 예민해 있으면 누가 살짝 건드리는 것만으로도 과잉 반응이 일어나는 겁니다. 외부 자극을 무서워하고 있는 상태라고 해도 과언이 아닐 겁니다.

문제는 이렇게 한번씩 짜증을 내면 착한 사람들 마음속에서는 굉장한 죄의식이 올라와요. 내가 왜 그랬을까, 미안한 마음이 들고요. 그러다 금방 또 차올라서 짜증 내기를 몇번 반복하다보면 나라는 사람 자체에 대한 회의가 들기도 해요. 때문에 이때 중요한 건 지금 이 짜증은 내 몸이 '너 오늘 여기까지

야' 하고 나에게 보내는 위험 신호라는 사실을 정확히 인지하고, 차올라와 있는 상태를 조금 낮춰주는 여러가지 방법들을 현명하게 사용할 줄 아는 것입니다.

걱정되는 점은 우리 사회의 구성원들이 제각각의 이유로 각자 가득 차오른 상태에 처해 있다는 사실입니다. 마음의 여유가 없다보니까 서로 배려와 도움보다 나의 안전, 내 안위를 좀더 중요시하는 풍토가 사회 전반의 병폐로까지 나타나고 있습니다. 이로부터 비롯되는 게 소위 '묻지 마 범죄'라고 볼 수 있겠죠. 요새는 일면식 없는 불특정 다수를 대상으로 한 범죄가 더욱 빈번해지고 있는데 사건이 일어난 까닭을 조사해보면 아주 사소한 일 때문에 기분이 상했다, 정도의 해프닝인 경우가 많지요. 짜증이 감지될 때는 잠시 멈추고 한 템포 쉬어갈 수 있는 마음의 여유가 비단 개인의 정신건강뿐 아니라 사회 전반의 안전망 유지와도 밀접하게 연결되어 있는 것입니다. 나 혼자의 짜증과 화가 나로 끝나는 게 아니라 파도 타듯 옆으로 퍼져나갈 수 있으니까요. 반대로 내가 여유를 유지하며 짜증을 내 안에서 잠재운다면 산불 같은 부정적 감정의 불길이 더 퍼지지 않고 멈출 수도 있겠지요.

단지 평범한 사람으로
살기 위해서

제가 진료실에서 뵙는 분들은 대부분 정말 바르고 착한 분들이세요. 항상 열심히 살고 최선을 다하는 분들입니다. 그러다가 어느 순간 지쳐서 '못하겠어요' 하면서 저를 찾아오시는 거예요. 그래서 저는 환자들께 종종 이렇게 말합니다. "오죽하면 저를 만나러 여기까지 오셨어요. 잘 오셨습니다"라고요.

지금까지는 우리는요, 너무 열심히 살았습니다. 어린 아이였을 때부터 열심히 하지 않으면 큰일 난다는 식의 이야기를 너무 많이 들었죠. 부모님들이 공부 열심히 해서 좋은 대학 가지 않으면 인생이 크게 잘못될 것처럼 말씀하시지 않으셨어요? 저 역시 유년기에 그런 이야기를 들으며 자랐습니다. 공부뿐만 아니죠. 대학 입시가 지나면 취직, 그다음에는 결혼, 출산 등등… 돌아보면 우리는 하라는 대로 성실하게 열심히 최선을 다해 애쓰면서 살아왔어요. 근데 거기에 한계가 오기 시작한 거죠.

생각해봅시다. 빵점 받는 아이를 50점 받게 만드는 건 의외로 쉬워요. 문제지에 답 달아서 문제 유형과 답을 함께 보게 만드는 거예요. 기초가 없는 아이들은 무작정 문제를 풀기보다 출제되는 문제를 중심으로 공부하는 게 낫거든요. 이렇게 세번만 읽고 가면 50점은 나옵니다. 가장 쉽게 점수를 올리는 방법입니다. 그런데 50점 받는 아이를 80점 받게 만들 때는 적어도 교과서는 다 읽어야겠죠. 이때는 문제도 실제로 풀어보아야 할 겁니다. 좀더 품이 많이 들겠죠. 그리고 80점에서 100점 가기는 그보다 훨씬 어려운 일입니다. 학습 범위와 문제 유형을 고루 파악해야 하고, 변별력을 갖기 위해 틀리라고 내는 어려운 문제까지 맞혀야 하죠. 응용력이며 사고력 등 단기간에 길러질 수 없는 능력까지 갖춰야 합니다.

문제는 우리 사회가 단기간에 급속도로 발전하면서 인적 역량도 비약적으로 높아졌다는 겁니다. 평균, 보통 값이 너무 올라가 있어요. 말하자면 우리 사회가 전반적으로 90점짜리 사람들로 가득 차 있는 겁니다. 여기서 잘한다는 소리 들으려면 일도 잘하고 공부도 잘하고 실수도 없어야 하죠. 교과서 달달 외우고 문제집 100개 푸는 정도의 노력이 아니면 해낼 수 없어요. 여기에 좋은 자식, 좋은 부모, 좋은 친구가 되어야 하는 사회적 요구까지 포함하면 괜찮은 사람 소리 듣기 정말 힘들어요. '육각형 인재'라는 말을 들어보셨죠? 여섯 축이 모두 꽉 찬 사람이 되어야 하는 세상이 되었어요. 다섯을 다 잘하고 있어도 어느 하나가 비면 불안한 거예요. 그게 지금 한국 사회입니다. 잘사는 나라의 열심히 사는 사람이라는 사실이 불안의 핵심이라고 생각합니다.

환자분께 당신은 어떤 사람인가요? 물으면 '저는 평범한데요'라고 대답하는 분들 많아요. 그러면 제가 말도 안 된다고 합니다. 이 시대 한국에서 하루하루 살아가는 것만 해도 이미 평균은 훌쩍 뛰어넘은 거예요. 지금 여러분이 살고 있는 세상이 그렇습니다. 높아진 사회적 기준에 익숙해지다보니 자기가 스스로 설정하는 평범이나 정상의 기준치도 자연스럽게 높아졌죠. 조금만 삐끗해도 뒤처져버린다는 공포 때문에 '난 충분히 했으니까 이 정도 선에서 멈춰야지' 같은 생각을 하지 못해요. 그러니까 점점 지치게 되고요. 세상이 요구하는 것들을 하나라도 달성하지 못하면 내가 비정상인가, 남들보다 떨어지나 하는 생각을 하고 불안해합니다.

세상이 참 이상합니다. 평범하게 지내고 싶지만 막상 남들과 비교해보면 평범해지기도 쉽지가 않아요. 다들 잘 살고, 행복하고, 맡은 일을 척척 해내는 것 같으니까요. 보이지 않는 평범의 기준점이 90점은 훌쩍 넘는 것 같아요. 사회의 기준점이 이렇게 바뀌니 언제나 우리는 불안할 수밖에 없어요. 남들보다 못한 것 같고, 또 남들이 잘했다고 칭찬해도 썩 기쁘지 않고. 언제는 잘한 것 같지만 계속 이렇게는 못할 것만 같고, 내가 달성한 것들이 내가 그 자리에 올라가서 그 옆과 비교하면 별것 아니게만 느껴지니까요. 살기도 힘들고 평범해지는 것도 어렵습니다. 평범이라고 여겨지는 것을 유지하는 것도요. 이런 세상에서 불안하지 않은 채 평온한 마음을 유지하는 것이 도리어 더 어려운 일이겠지요?

1995년에 코넬대학 빅토리아 메드벡(Victoria Medvec)과 톨레도대학 스콧 매디(Scott F. Madey)가 발표한 실험이 있습니다. 시상대에 오른 올림픽 메달리스트들의 표정, 시상식 후의 인터뷰를 학부생에게 보여주고 평가하게 했습니다. 당연히 금메달리스트는 무척 기뻐합니다. 그런데 신기한 것은 그다음으로 잘한 은메달리스트보다 세번째 순서인 동메달리스트의 표정이 더 좋았습니다. 동메달리스트는 시상대에 오른 것만으로도 만족하지만, 은메달리스트는 바로 옆자리가 아른거려서 표정관리가 어려운 것이었죠. 이런 반응들을 근거로 연구진은 은메달리스트가 느끼는 행복감이 오히려 동메달리스트보다도 덜하다는 결과를 도출했습니다. 은메달을 딴 것만도 정말 대단한데, 이 종목에서 자기 위에 딱 한명이 있는 건데도 만족이 안 되는 거예요. 그 아슬아슬하게 이루지 못했다는 마음은 사람을 이렇게나 괴롭힙니다.

이처럼 욕망(desire)이란 정말 끝이 없지요. 그런데 알아야 할 것이 있어요. 욕망만 추구하게 되면 위로는 한없이 뚫려 있어서 멈출 수 없다는 것입니다. 재계 10위권 총수가 되어서 죽을 때까지 써도 남을 돈을 갖고 있다고 해도 빈 살만이나 일론 머스크에 비교하면 금세 초라해집니다. 물론 그게 나쁘다는 것은 아니에요. 무소유로 살아야 한다는 것도 아니고요.

욕망을 추구하는 것은 도파민과 관련되어 있습니다. 내가 원하는 것을 얻으면 뇌의 보상중추를 통해 짜릿한 쾌감을 경험하고, 쾌감은 최대한 빨리 이전보다 더 강한 보상을 얻기를 원합니다. 그래서 그 방향으로 더 열심히 노력하게 하는 동기부여가 됩니다. 문제는 그게 한도 끝도 없고 본인이 그 욕망에 브레이크를 걸기 힘들다는 것이죠. 그래서 파멸할 때까지 액셀러레이터를 밟아 달려나가게 됩니다.『위대한 개츠비』를 포함한 수많은 문학작품에서 담고 있는 내용이 바로 이런 욕망의 열차에 탔다가 벽에 부딪히거나, 곤두박질 친 사람들의 이야기입니다. 적당한 정도일 때에는 분발의 페달을 밟는 동기를 부여해주지만, 어느 선을 넘어가면 브레이크가 고장 난 채 질주하는 기관차가 될 뿐입니다. 뭔가를 하고 있는 동안은 잠시나마 불안한 감정을 잊고 지낼 수 있거든요.

욕망은 욕구(need)와 다릅니다. 욕구는 흔히 의식주 같은 기본적인 차원에 대한 충족이라고 말할 수 있습니다. 만약 욕구가 충족되지 않으면 우리는 앞서 설명한 것처럼 생존에 위협을 느끼게 됩니다. 그러니까 욕구가 먹고 싶다,라면 욕망은 오늘은 밥 말고 빵이랑 케이크도 먹고 싶다,가 될 수 있겠죠.

우리 사회가 고도로 발전함에 따라서 욕구 충족은 어렵지 않은 일이 되다보니 우리는 욕망 충족에 온 힘을 쏟고 있습니다. 어느새 너무 무리하다가 망가져버리는 욕망의 노예가 되어버리는 거예요. 특히 SNS의 발달은 이러한 경향을 더욱 부추깁니다.

지금 우리에게 가장 필요한 것은 욕구와 욕망을 잘 분리해서 볼 줄 아는, 그렇게 보려고 노력하는 자세입니다. 지금 내가 갖고 있는 것들을 확인합니다. 수입이나 일자리, 주거, 주변 관계를 둘러보면서 최소한의 안전이 확보되어 있는지 말입니다. 그 과정이 최소한의 '욕구'가 충족되어 있는지 가늠하는 하나의 방법입니다. 그로 인해 우리는 '안전감'을 얻을 수 있죠. 탄탄한 의식주, 옛날 어른들이 말하는 '어디 가서 굶어 죽지는 않겠다'라는 감각이 작동하고 있는 것이지요. 그러면 마음이 든든해집니다. 불안을 덜 느낍니다. 일이 잘 안 풀리더라도 먹을 것이 있고, 잘 곳이 준비되어 있고, 또 가족과 친구가 있으니까요. 이제 그 기반 위에서 '욕망'을 찬찬히 바라봅니다. 내가 정말 원하는 것이 무엇이고, 왜 바라는지, 얼마나 바라는지 말입니다. 뭔가를 추구하다가 실패해도 최소한 내가 돌아갈 곳이 있고 오늘 밥을 굶지는 않습니다. 아무래도 그런 상태에 경험할 불안은 위협적이지는 않을 것입니다.

그에 반해 욕망과 욕구가 한데 뒤섞여 있을 때는 더 좋은 차를 가지고 싶어하는 나의 '욕망' 때문에 사는 게 괴로울 정도의 박탈감을 느끼기 십상입니다. 욕망과 욕구를 분리시키고, 지금 이 욕망이 충족되지 않는다고 해서 내 기본적인 삶이 망가지는 건 아니다, 생각하는 자세가 불안이 팽배한 현대사회에서는 참 중요하다고 볼 수 있습니다.

더불어 욕망은 끝이 없으니까, 어느 정도면 내게 충분할까를 생각해보는 것도 중요합니다. 타인과의 비교는 끝이 없는 사다리를 타는 것과 같지만, 내가 원하는 만큼을 정하는 것은 내가 결정할 수 있고, 그러면 멈출 수도 있고 만족할 수도 있으니까요. 갖지 못한 것도 그리 부러워하지 않고 좌절을 느끼지도 않겠지요.

나이에 따라
불안은 다르게 찾아온다

　　이런 얘기를 하시는 분들도 많이 만납니다. "선생님, 저는 젊을 때 일을 정말 열심히 했고, 바빠서 불안할 겨를도 없었습니다. 그런데 집도 한칸 마련했고 차도 있고 아이도 잘 큰 지금 이상하게 불안합니다." "저는 산전수전 공중전 다 겪었는데 이상하게 요새 느끼는 불안은 낯섭니다. 웬만한 건 다 제가 경험해본 것 같은데 이게 뭔지 모르겠습니다."

　　왜 그럴까요? 왜 새로운 불안이 나를 찾아온 것 같을까요? 세상이 바뀌어서 그럴까요? 내가 약해진 건가요? 그게 아닙니다. 내가 바뀌었기 때문입니다. 우리가 나이가 들고 있어서 그래요. 20살 때의 불안과 30살 때의 불안이 다르고요, 40살과 50살의 불안이 다릅니다. 나이가 먹어갈수록 나에게는 새로운 숙제가 던져지지 않습니까. 그에 따른 생애주기별 불안이라고 말할 수 있겠습니다.

불안은 아주 어릴 때부터 관찰되고, 자라면서 그 양상이 조금씩 달라집니다. 아기가 엄마에게 안겨 있다가 잘 모르는 사람이 다가오면 낯가림을 하지요? 이건 최초의 불안 반응 중 하나입니다. 엄마의 얼굴과 체위가 아이의 뇌에 입력되면서 엄마와 엄마 아닌 사람을 구별하기 시작하고, 엄마가 아닌 사람을 두려워하는 것이죠. 어린이집이나 유치원에 다니면서 엄마와 떨어지지 못해 적응에 어려움을 겪는 아이들 있죠. 분리불안이 있는 것입니다. 자기 눈에 엄마가 보이지 않으면 불안합니다. 아이의 마음 안에 엄마의 대상표상이라고 하는 이미지가 아직 확고히 자리잡지 못한 것이 이유입니다. 자라고 나면 없어지게 되죠.

청소년기에는 정상적인 10대들도 불안의 일종으로 가벼운 강박증상을 경험하기도 합니다. 강박증상은 불안을 통제하기 위해서 하는 반사적 인지, 행동이라고도 할 수 있어요. 뇌와 몸의 변화로 충동적인 면이 강해져 한창 예민해하고 불안과 긴장이 올라가기 쉽죠. 입시라는 거대한 스트레스가 있는 데다 친구들 관계도 어렵고 부모와 심리적 독립 문제도 첨예해지니까요. 이때 그 긴장과 내적 불안을 통제하기 위해 과도하게 경직된 사고를 하고, 융통성 없이 고집을 피우고, 한시간씩 샤워하고 손을 많이 씻거나, 물건을 버리지 못하거나, 여러번 불필요한 확인을 하느라 시간을 허비하는 일이 발생합니다.

청년기가 되면서 이번에는 사회적 관계 맺기의 불안이 확심해지는 경우도 있습니다. 면접, 발표, 사람 사귀는 것에 있어서 과도한 수준의 불안을 경험합니다. 다른 사람이 나를 어떻게 평가할지에 집착하고, 또 나를 흉볼 것 같다고 여기거나 남들이 비웃을 것이란 생각이 너무 강해지는 것입니다. '남들은 내게 관심이 없다'는 걸 아무리 말을 해줘도 받아들이지 못한 채 지나치게 긴장과 불안을 경험합니다. 심한 경우 은둔형 외톨이가 되어버리기도 하죠.

이쯤에서 잠깐 에릭 에릭슨(Erik Erikson)이라는 정신분석가의 이야기를 해보겠습니다. 유복자로 태어난 그는 어린 시절부터 '나는 누구인가'에 대한 고민이 많았다고 합니다. 31세에 미국으로 이민을 가면서 자신의 성을 아예 홈버거(Homburger)에서 에릭슨으로 바꿔버리기까지 했다고 하죠. 프로이트(S. Freud)가 정신발달을 18세, 즉 성인이 되는 시기까지 세분화해서 제시한데 반해 에릭슨은 성인기 이후에도 성장발달이 지속되고, 각 단계에 과제가 있다고 보았습니다. 저는 그의 이론을 좋아하는 편입니다.

에릭슨의 정신사회발달 8단계

0~1세: 기본적 신뢰 vs 불신 → 희망

1~3세: 자율성 vs 부끄러움/의심 → 의지력

3~7세: 주도성 vs 죄의식 → 목적의식

7~12세: 근면성 vs 열등감 → 능숙함

13~18세: 정체성 vs 혼란감 → 충실함

18~30세: 친밀감 vs 고립감 → 사랑

30~50세: 후진양성 욕구 vs 침체기 → 돌봄

51세 이후: 통합 vs 절망 → 지혜, 내적 평화

그에 따르면 초기 성인기인 18~30세에는 누군가와 사랑을 하고 아주 가까워지는 친밀의 욕구가 큽니다. 그게 잘되면 가족이 아닌 타인과 사랑을 하고 결혼을 하고 가족을 이룰 수 있게 되는데 반해, 잘 안 되면 만성적인 고립감과 우울, 대인관계에 어려움을 갖고 살아가지요.

30세 이후를 중년기로 보았는데, 이 시기에는 나 하나 잘해서 성취하는 것이 아니라, 후배를 키우고 가르치고 아는 것을 전수하는 과정을 통해 그들의 감사와 존경을 받는 것이 중요해집니다. 이때 여전히 나 혼자 잘하고 싶은 욕심만 있거나 나눔에 인색하면 후배 세대와 관계가 좋지 않고 갈등이 발생하면서 불안이 생깁니다. 청년기와는 사뭇 다르죠? 또 청년기에 뭘 이룬 게 없다고 여겨도 큰 공허와 불안을 경험할 것입니다.

이제 노년기에 접어들면 자신의 이룬 것과, 이루지 못한 것을 공히 수용하고, 그럼에도 불구하고 내 인생이 의미가 있는지 돌아봅니다. 돌아보는 과정에 아프고 괴로운 것들이 불안의 원인이 되겠지만, 이 과정을 잘 넘겨나가면 지혜가 충만한 사람이 되겠죠. 만일 통합의 과정을 잘 수행해내지 못하면 노년기의 삶은 절망과 후회로 가득 찰 테고요. 그때 느끼는 우울과 불안은 규모가 꽤 크겠죠?

20세기 초에 정립된 이론이라 지금과는 연령이 다소 맞지 않는 면이 있습니다. 저는 청소년기를 13~29세까지, 청년기를 30~45세 그리고 중년기를 45~65세, 그 이후를 노년기의 과제로 보면 얼추 지금의 우리 현실에 잘 맞는다고 봅니다.

그러니까 지금 20대인 많은 분들이 나는 누구인가, 세상을 어떻게 보아야 할까 탐색하는 데서 오는 불안을 경험하는 건 지극히 당연한 일입니다. 취업이라는 관문 역시 정체성 정립이라는 맥락에서 볼 수 있겠죠. 해야 할 것과 하고 싶은 것 사이에서 어느 방향이 옳을지 선택에 확신이 없을 것입니다. 진지한 사랑과 관계에 대한 고민 역시 20대를 지나 30대 전반에 걸쳐서 하게 되고요. 게다가 이 시기에는 동년배들과의 비교에 예민하다보니 나만 못나고 뒤처진다고 여기기 쉽습니다.

이럴 때 필요한 마음가짐은 '수고하고 있어' 하고 자신을 다독이는 한편 '지치지 않고 꾸준히 하자'는 패기입니다. 저는 보이지 않는 축적의 힘을 믿습니다. 번아웃을 두려워하기 전에 다양한 방식으로 나의 한계를 시험해보는 것을 권합니다. 끝을 가본 사람이 거기서 80% 정도로 힘을 빼야 지치지 않는다는 것을 깨닫고 그 수준을 유지할 수 있습니다. 물론 불안한 마음을 잠재우기 위해 최선의 선택을 하고자 여러가지 고민과 걱정이 많아지기도 합니다. 그러나 거기에 머무르기보다 뭐라도 하는 것이 낫습니다. 20~30대 젊을 때는 실패해도 괜찮고, 오히려 실패가 인생의 수업이 됩니다. 그 시간들이 '나'라는 나무의 좋은 비료가 되는 시기라고 저는 믿습니다. 그래야 멋진 어른으로 넘어갑니다.

한편 40~50대, 인생의 후반부라 할 수 있는 시기는 평균수명이 늘어나면서 더욱더 중요해지고 있습니다. 언제까지 일할 수 있을까부터 가정을 꾸려나가는 어려움, 본인이나 부모님의

건강 문제 등 새로운 문제들이 중요한 숙제처럼 오게 됩니다. 무엇보다 내가 청년일 때 그린 나의 모습과 지금 내 현실 사이의 간격을 더는 메울 수 없거나, 무척이나 크게 느껴지면 힘도 빠지지만 불안도 같이 옵니다.

이처럼 나이가 들면서 생애주기에 따라 새로운 과제가 주어지고, 그것을 잘해낼지 새로운 불안이 생겨납니다. 눈앞의 일을 처리하는 능력이 좋아지면 그것 자체는 불안하지 않은데, 계속 내 앞에 새로운 불안이 던져지는 거예요. 무엇보다 이런 종류의 불안은 큰 바위가 자리를 차지한 것처럼 묵직합니다. 친구와의 다툼이나 일에서의 성취 같은 데서 생기는 불안과는 느껴지는 무게가 다릅니다.

올 게 왔다고
생각해보세요

누구나 다 아는 국민배우 안성기 씨의 이야기를 조금 해볼게요. 1952년생으로 지금 일흔이 넘으셨죠. 아역배우로 시작해 80년대에는 최고의 주연 배우였습니다. 그때 만들어진 좋은 영화에는 거의 다 나오셨어요. 그러다 40대 중후반 되는 90년대 한동안 휴지기를 가지시고는 50대 초반부터 조연 배우로 다시 왕성한 활동을 시작했습니다.

다시 활동을 재개하며 하신 한 인터뷰를 저는 굉장히 흥미롭게 봤습니다. 당신에게 오는 시나리오는 항상 배역이 첫번째 아니면 두번째였대요. 말하자면 주연 역할이었던 거죠. 그런데 어느 순간부터 그 밑의 네번째, 다섯번째 비중을 가진 역을 해달라는 요청이 오기 시작해 너무너무 충격을 받으셨다고 해요. '나는 이제 영화 하면 안 되나보다' 싶어 부끄럽다는 생각도 들고 실망스럽기도 해 그래서 몇년을 쉬셨대요. 그러다가 생각이 바뀌셨다고 해요. "내가 맡은 배역은 단순한 조연이 아니었습니다. 배경 설명도 있고, 그렇게 될 수밖에 없는 인물들이었습니다." 배역이 조연일 뿐이지 다 각자만의 배경도 있고 그렇게 행동할 수밖에 없는 까닭도 있는 인물들이더라는 거죠. 이때부터 배역의 크기가 어떻든 간에 모두 한 인물에 대한 도전이라는 생각을 하게 되셨대요. 그리고 기꺼이 조연도 맡아 연기하시면서 안성기 씨는 더욱 존경받는 배우가 되셨죠. 다시 활동을 재개하고 출연한 영화들을 보면 더욱더 풍성해졌고 연기도 한결 더 깊어졌습니다.

이처럼 중년기에는 청년기와 다른 불안이 있습니다. 나이를 먹어가면서 어느 순간 내 개인의 성취보다 관리하고 매니징하는 일, 말하자면 주연보다 조연의 역할이 더욱 중요하게 여겨집니다. 중간관리자가 되는 걸 싫어하는 분들도 있지만 내 경험을 공유하며 주변 사람을 아우르는 일도 개인이 일궈낸 성취만큼 중요한 의미를 지닐 수 있죠. 새로운 과제 앞에서 너무 큰 불안이나 패배감을 가질 필요는 없습니다.

특히 최근에는 60대로 넘어가는 고학력자 분들이 자신이 치매가 아닌가 하고 오시는 경우가 많습니다. 하지만 검사해보면 전혀 치매의 증상은 보이지 않아요. 그런데도 본인은 예전 같지 않다고 얘기하시는 거예요. 그런데 '예전 같다'는 건 뭔가요 물어보면 주변 사람들의 핸드폰 번호를 외운다든지 일주일치 스케줄 정도는 머리에 넣고 다닌다든지 했는데 요새는 그게 안 된다는 겁니다. 그럴 때 제가 드리는 말씀이 저는 10년 전부터 못했다고 해요. 이분들이 자신에게 갖는 기대치가 너무 높은 거예요.

나이가 들수록 뇌의 기능에 변화가 찾아옵니다. 청년기에는 도파민이 뿜뿜 나와 새로운 것으로부터 자극을 받고요, 그 자극을 통해서 많은 걸 받아들이는 데 능해요. 그런데 나이가 들수록 받아들이는 능력이 떨어지는 대신 내가 이미 알고 있는 것들을 네트워킹해 엮을 수 있게 됩니다. 즉 멀티펑션(multi-function)이 가능해져요. 하나에 깊이 집중하는 것은 잘 안 되지만 주변에 있는 여러가지 것들을 연관시키고 엮고 그걸 통해 새로운 것들을 창출하는 능력은 훨씬 더 좋아집니다. 도파민이 나오는 청년의 뇌에서는 하나를 깊이 파고들다보니까 주변을 놓치는 경향이 있거든요. 나이가 들면 집중이 안 되는 대신 거꾸로 시야가 넓어지는 거죠.

이렇듯 중독적 몰입에서 벗어나 유연한 네트워킹으로 가는 것, 이것이 중년기 뇌가 갖는 특성인데 청년기의 방식을 고

집하면 내 능력이 떨어졌다고 생각하고 좌절하고 실망할 수밖에 없겠죠. 저는 이걸 지혜로워지는 과정이라고 말씀드리고 싶어요. 단순한 정보(data)는 세상에 넘칠 만큼 많아서 한 개인의 뇌에 담기 어렵고, 요즘 같은 세상에는 한두번 검색으로도 바로 얻을 수 있습니다. 그것들을 모아서 하나의 체계를 만드는 것이 지식(knowledge)입니다. 인공지능 등 여러 발달로 지식을 습득해서 내 것으로 만드는 일도 한결 쉬워졌어요.

그렇지만 지혜는 아직 컴퓨터나 인공지능이 인간을 따라오지 못하는 영역입니다. 지혜(wisdom)는 단순한 지식이나 정보의 축적이 아니라, 경험, 통찰, 판단력, 도덕성 등을 바탕으로 올바른 결정을 내리는 능력을 의미하니까요. 제한된 정보 안에서 깊은 통찰을 얻고 다양한 관점에서 문제를 바라보고 윤리적, 도덕적 판단을 하고, 복잡한 상황에서도 최선의 결정을 내리는 것은 청년보다 중장년에게서 기대할 수 있는 능력입니다. 그래서 세상에는 좋은 어른이 필요하다고 말하는 것이고요.

지금까지 생애주기별 불안에 대해 이야기해봤습니다. 다시 말하자면 우리는 나이가 들면서 각 연령대별로 중요한 삶의 숙제들이 새롭게 던져지는데 그 때문에 야기되는 불안이 있다는 것이죠. 물론 말처럼 쉽지는 않습니다. 그 숙제라는 것이 생각보다 크기 때문이에요. 그런 존재론적 불안은 당장 내가 어찌하거나, 해결할 수 없는 경우가 더 많죠. 이건 일상에서 겪는 불안과 무게감이 다릅니다. 의식 밑에 잠겨서 알아채기 쉽지 않지만 존재만으로 울림이 있는 그런 불안입니다. 하지만 무엇 때문에 불안을 느낀다면 거꾸로 지금 삶에서 이걸 좀 생각해볼 때가 됐어요, 굉장히 중요한 결정 앞에 있어요,라고 내 마음 안에서 신호를 주고 있다고 생각해보시면 좋겠어요.

그게 사춘기의 반항일 수도 20~30대에 경험하는 '나는 누구인가'와 같은 질문일 수도 있겠죠. 40대 넘어가면서 느끼는 허무와 50~60대 되면서 드는 노화 및 건강에 대한 염려들. 그리고 80대쯤 되면 죽음의 공포가 다가오기도 할 거예요. 그때 이런 불안이 나를 찾아온다는 사실을 너무 두려워하지 않았으면 좋겠습니다. 이건 비단 나만 느끼는 것도 아닐뿐더러 인생에 이런 고비가 오면 그걸 경험하는 게 실은 맞는 겁니다. 이 불안들을 무시하고 넘어가면 나중에 뒤통수를 맞거나 아니면 벽에 확 부딪히는 경험을 할 수도 있으니 그냥 올 게 왔다,라고 편하게 생각해보는 것도 필요하겠습니다.

불안을
통제할 수 있을까

'통제'라는 말을 쓰니까 약간 무섭게 들리지 않으세요? 적당한 불안은 내 몸이 잘 작동하고 있는 신호라고 앞서 이야기를 했죠. 방송을 촬영하거나 강연을 할 때 저는 적당히 긴장을 합니다. 심장이 살짝 빠르게 뛰고요 입이 조금 마른 채 이야기해요. 약간 긴장을 하니 머리도 잘 돌아갑니다. 만약 제가 이 긴장과 불안을 완벽하게 통제한다면 저는 아마 AI나 로봇 같아 보일 거예요. 이것들과 인간의 가장 큰 차이점이라고 한다면 섬세한 감정일 텐데, 불안도 일종의 감정이라는 측면에서 불안은 인간을 인간답게 만들어주는 중요한 요소라고 할 수 있습니다. 그러니까 불안을 통제한다는 것은 가능하지도 않지만 사실 필요하지도 않다는 말씀을 드리고 싶어요.

그런데 불안에 대해 알고 싶어서 이 책을 보고 계신 분들은 도리어 너무 통제해서 문제일 가능성이 큽니다. 그럼 강박

행동과 같은 문제가 발생하기도 하는데요. 강박은 자신의 의지와 상관없이 특정한 사고나 행동을 지속적으로 반복하는 상태입니다. 손을 씻거나 물건 모은다든지, 아침에 일어나면 똑같은 방식으로 움직여야 되는 그런 병적 습관들 있지요. 다 불안해서 그런 겁니다. 손을 잘 안 씻으면 병에 걸릴 것 같고 물건 모아두지 않으면 중요한 게 없어질 수 있다는 생각에 사로잡히는 거죠.

우리가 흔히 아는 강박행동은 대부분 실은 제대로 지키지 않으면 위험해지는 것들입니다. 문제는 내적 불안이 올라올 때 그걸 엉뚱하게 다른 행동에 몰두하는 것으로 통제하려는 것이죠. 명동에서 뺨 맞고 한강 가서 화풀이하는 것과 같습니다. 나름대로 성동격서를 하는 것 같지만 내가 상황을 통제하고 있다는 착각만 줍니다. 강박행동을 하고 나면 잠시 불안은 줄어들지만 바로 다시 불안해지는 것이 강박의 특징입니다. 강박은 위험을 통제하려는 나의 지나친 욕망입니다.

그러니까 완벽한 통제란 있을 수 없고요 약간의 불안을 느끼는 건 도리어 나를 위험하지 않게 도와주는 일이기도 하다는 것. 자꾸 불안을 느낀다면 그런 게 있나보다 하고 넘겨도 되지 반드시 불안의 불씨를 다 꺼야 한다고 생각하지 말자고요. 그런 식으로 생각을 해보면 불안을 그렇게 두려워하지 않으실 수 있을 겁니다. 불안한 마음이 들거나, 머릿속이 간질간질 걱정이 되면 그냥 그런가보다 하고 흘러가게 두는 것도 좋아요. 완전히 제로로 만들려고 하다보면 그 생각만 더 커지고, 불안을 통제하기 어렵다고 여기기 쉽습니다.

불안이 떠오르고 몸으로 느껴지고, 걱정거리가 생겨날 때 그 생각을 하지 않으려고 애를 쓰면 쓸수록 불안은 더 강해지고, 누르려고 할수록 반발력을 갖고 더 커지는 풍선 효과가 일어납니다. 그러니 그냥 그렇구나 정도로 생각하고 흘러가게 두는 게 현실적으로 최선이라고 말씀 드리는 것입니다.

더불어 조금 거시적으로, 이 세상이 바뀌고 있다는 생각도 해봤으면 좋겠어요. 우리는 가능하면 통제하고 싶어하지요. 쭉 이대로만 혹은 계획한 대로만 살았으면 좋겠고요. 근데 이건 나쁜 소식이기도 좋은 소식이기도 한데, 세상은 이전보다 훨씬 더 불확실해져가고 있습니다. 2016년 세계경제포럼에서 「일자리의 미래」라는 보고서를 통해 현재 초등학교에 입학하는 아이들의 65%가 어른이 되었을 때에는 4차 산업혁명으로 인해 지금까지 존재하지 않던 새로운 직업을 갖게 될 것이라고 예측했습니다. 인공지능, 로봇공학, 생명과학 등 기술의 급격한 발전으로 인해 많은 기존 직업이 사라지고 새로운 일자리가 생겨 난다는 분석이었죠. 구체적인 수치에 대해서는 분분한 듯합니다만 그만큼 미래의 변화가 급격할 것이라는 전망만은 분명해 보입니다.

제가 어릴 때에는 시내버스 뒷문에 안내양이 있어서 승객에게 요금을 받았죠. 회사에는 팀마다 잔심부름을 담당하는 사환이 있었고요. 지금은 모두 사라진 직업들이죠. 지금 각광받는 의사, 변호사 같은 직군이 50년 후에도 같은 인기를 누릴 수 있을까요? AI의 발전만 해도 이세돌과 알파고의 대국이 있던 2016년과 비교하면 격세지감입니다. 그러니 먼저 미래를 두려워하며 불안해하지 말자는 말을 드리고 싶어요. 지금 20년 후를 바라보며 세우는 계획은 예상대로 될 가능성이 아주아주 적어 큰 의미가 없을 것이니까요. 그 시간과 에너지를 오늘 하루, 길어야 일주일, 한달을 잘 보내는데 투자하는 쪽이 낫다는 이야기입니다.

우리에게는 신기한 습관이 있습니다. 큰일이 벌어지면 거기에 걸맞은 이유를 찾고 싶어합니다. 그래야 안심이 되기 때문입니다. 내게 벌어진 예상치 못한 일부터 국제적 분쟁까지 마찬가지입니다. 이유를 찾지 못하면 불안해집니다. 내가 대비

할 수 없다고 여기기 때문입니다. 그렇지만 세상은 우리가 예상하는 것보다 훨씬 복잡하고, 그걸 설명하는 것은 더욱 어렵고 실은 부질없는 일이기도 합니다.

브라이언 클라스(Brian Klaas)는 『어떤 일은 그냥 벌어진다』(웅진지식하우스 2024)에서 단순한 설명에 끌리는 이유는 뇌가 단순하고 확실한 것을 좋아하고 애매한 것을 싫어하기 때문이라고 말하고 있습니다. 유형을 찾아서 원인을 찾고 패턴을 파악하는 방향으로 뇌가 진화를 한 덕분인데, 그에 비해 세상은 그리 단순하지 않고 우연이 겹쳐서 일어나기도 하는 일이 빈번합니다. 뇌와 마음만 애꿎게 고생을 하고 있는 셈이지요. 그게 다 불안을 없애려는 조바심 때문입니다.

클라스는 책에서 흥미로운 사례를 제시합니다. 2차 세계대전 종전을 위해 미국이 일본에 원자폭탄 투하를 결정했습니다. 수만명의 희생자가 생기리라는 것을 예상했을 테니 대단히 심사숙고 끝에 폭탄을 투하할 도시를 결정했어야 했겠죠. 처음 지목된 곳은 일본 군수업의 중추인 쿄오또였습니다. 그러나 당시 전쟁부(현 국방부) 장관이던 헨리 루이스 스팀슨이 전쟁 전에 우연히 쿄오또에 방문해 아름다운 경치를 즐긴 적이 있었답니다. 아름다운 도시를 파괴할 수 없다는 그의 주장 때문에, 전

략적으로 타당한 도시인 쿄오또 대신 첫번째 원자폭탄은 히로시마에 떨어지게 되었습니다.

두번째 도시를 결정하는 데도 우연은 개입했습니다. 코꾸라라는 도시였는데 하필 구름이 짙게 껴서 결국 근처의 나가사끼로 폭탄이 투하됐습니다. 원폭 투하라는 거대한 사건이 이렇게 여행과 구름이라는 변수에 의해 바뀐 것입니다. 그 이후로 일본인들은 '코꾸라의 행운'이라는 말을 사용한다고 하네요.

이렇게 여러 우연과 작은 디테일의 상호작용이 한 사람의 운명, 더 나아가 역사를 변화시킵니다. 그렇지만 우리는 그걸 인정하기 어렵죠. 왜냐면 그냥 일어났다고 생각하는 것으로는 불안이 쉽사리 줄어들지 않고, 개인은 우연을 운명으로 받아들이는 순간 무력해지니까요. 누가 계획한 것이 아닌데도 사건은 일어나고 좋기도, 나쁘기도 한 방향으로 진행됩니다. 마음은 이유를 듣고 싶어하겠지만, 모든 일에 다 이유가 있는 건 아니라는 사실을 받아들일 필요가 있다고 클라스는 조언하고 있습니다.

그런 면에서 내가 만일 이유와 의미를 찾기 위해 지나치게 애를 쓰고 있다면 그건 정말 답이 나올 문제를 풀려는 노력이 아니라, 그저 내 불안을 줄이기 위한 안간힘이라고 받아들이는 게 좋겠습니다. 그러니 의미와 이유 찾기에 쓸 시간에 일단 일어난 일을 받아들이고 재빨리, 또 적절히 대응하고 다음 단계로 가는 데 힘을 보태는 것이 더 현실적이고 효과적인 에너지 배분법입니다.

그냥 순응하고 살라는 것이냐 말할 수도 있겠지만, 제 말은 어떤 일이 일어나는 까닭이나 의미를 잘 모른다고 해도 나쁜 게 아니라는 겁니다. 우리에게 필요한 것은 이 불확실성이라는 것을 호기심 어린 눈으로 바라보려는 노력입니다. 더 정확하게 계산해서 모든 것을 통제하는 게 아니라요. 열린 미래 속을 기꺼이 헤매고자 하는 자세를 갖는다면 불확실성이라는 녀석이 그렇게 두려운 것만은 아니게 다가올지도 모릅니다.

행복을 뜻하는 해피니스(happiness)의 어근 hap이 해프닝(happening)의 어근과 같다는 사실, 알고 계세요? 무척 재미있죠. 고대 영어로 기회 행운 우연을 의미하는 hap이 행복과 돌연한 사건이라는 단어에 공통적으로 들어간다는 게요. 행복의 본질 역시 우리가 모르는 것으로부터 온다는 사실도 한번 천천히 되새겨볼 필요 있겠습니다.

불안을 다스리는
세가지 지침

그러면 불안을 그냥 온전히 짊어지고 견디기만 하라는 말인가요? 이런 한탄 섞인 질문이 제 귀에 들리는 것 같네요. 불안을 완전히 없앨 수 없지만, 견딜 만하게 만들기 위해서는 몇 가지 요령이 필요합니다. 그걸 지금부터 말씀 드릴까 합니다.

첫번째는 정상의 범위를 넓히는 것입니다. 우리 삶을 대하는 태도에는 크게 두가지가 있어요. 완벽주의와 만족주의입니다. 가령 우리가 노트북 컴퓨터를 새로 사기로 했다고 해봅시다. 그러면 이것저것 검색도 해보고 정보를 찾아보죠. 뭐가 제일 좋은 선택일까. 그러다보면 기능도 제일 많고 가장 비싼 것까지 아주 다양한 선택지를 보게 되는데요. 완벽주의자는 여러가지 고려해서 뭐를 사겠다고 정해놓고도 끝까지 더 괜찮은 게 있을 것 같아 선뜻 구매하지 못하는 사람이라고 할 수 있습니다. 노트북 구매뿐 아니라 삶의 모든 것을 그런 식으로 선택하려고 한다면 무척이나 피곤하겠죠.

반면 만족주의자는 운전면허 필기시험 같은 삶을 삽니다. 무슨 말이냐면 60점만 넘으면 OK라는 말입니다. 아무도 필기시험 95점 맞고서 난 바보야, 하지 않잖아요. 노트북을 살 때도 적당한 선택을 내린 뒤에 더 고민할 필요가 없는 거죠. 60점을 넘었다면 괜찮은 겁니다. 그런데 이런 식의 태도가 삶에 있어서는 좀처럼 잘 되지가 않습니다.

저는 여기서 다 내려놓아라, 같은 말을 하는 게 아닙니다. 모든 일을 다 완벽주의적으로 하지 말자는 이야깁니다. 그러면 에너지가 고갈되어버려요. 여러분들 프랜차이즈 햄버거 가게나 김밥나라 가면서 인생 햄버거, 인생 김밥 먹을 생각하지 않잖아요. 어떤 날은 값싸게 배를 채우는 정도면 괜찮은 날도 있는 겁니다. 보통 때 이렇게 넉넉하게 살자고요.

100점을 추구하는 사람은 95점을 받아도 실망하고, 하나라도 틀릴까봐 불안해할 수밖에 없습니다. 정상은 100점이라는 완벽주의적 기준을 갖고 있기 때문이죠. 물론 "저는 그런 사람이 아닙니다"라고 대부분 부정하시겠지만 찬찬히 들어보면 그런 경우가 많아요. 자기에게 관대해지지 못하고, 조금만 잘못해도 자신에게 가장 가혹한 잣대를 들이댑니다. 이런 분들이 불안에서 자유로워지는 길은 정상의 범위를 넓히는 것입니다. 그렇게 기준을 바꾸면 한결 마음이 편안해지고 불안해질 일이 줄어듭니다.

둘째로는 지금 느끼는 불안을 내 존재론적 문제로 일반화하지 않기입니다. 새로운 데 가거나 새로운 사람을 만나거나, 직장 다니시는 분들 보직이 바뀌거나 하면 낯설죠. 낯설다라는 게 주는 긴장이 얼마간 있어요. 하지만 이건 나를 위협하는 위험과는 다르죠. 그러니까 그 둘을 구별해서 볼 필요가 있습니다. 낯설 때는 물어보고 익숙해지고 적응하는 단계를 거치면 자연스럽게 그 긴장은 해소됩니다. 그런데 그 초반의 긴장을 나는 여기랑 안 맞나보다, 저 사람이 나를 안 좋아하나보다, 여긴 위험한가보다,라고 해석하면 스트레스 지수가 현저하게 높아져요. 그렇게 미리 생각하지 말자는 거죠.

혹은 내가 불안하다고 느끼게 될 때는 대부분 몸이 피곤해서일 때가 더 많다,라는 생각을 의식적으로 해보세요. 내 성격의 문제다, 내가 할 수 없는 일이다,라기보다 상황적으로 접근을 해봅시다. 최근 일이 좀 겹쳤고요, 잠을 잘 못 잤고요, 특히 몸 상태가 찌뿌둥한 그런 날도 있지 않습니까.

성격 문제와 같이 고치기 어려운 것으로 생긴 불안이라고 보지 말자는 것입니다. 불안은 지금 내 상태에 대해서 내 몸과 마음이 신호를 보내는 것일 뿐입니다. 그러니 상황이 바뀌거나, 내가 쉬고 나면, 혹은 다른 일이 해결되고 나면 자연히 불안을 느낄 일이 아니게 될 확률이 99%입니다. 그런데 존재론적이고 본질적인 문제로 받아들이면 어떻게 내가 대처를 하든, 얼마나 시간이 흘러가든 상관없이 불안은 사라지지 않을 것이란 논리가 성립하면서 고통은 더 크게 느껴집니다. 그러니 가급적 상황이나 맥락의 관점에서 보자고요. 실제로도 그렇게 보는 게 타당한 일이 훨씬 훨씬 많습니다.

마지막으로 세번째, 간단하게 내가 좋아하는 것을 하면 됩니다. 긴장이 올라와 몸이 찌뿌둥하고, 어깨가 결리고, 눈이 퀭한데 억지로 무리하지 마세요. 잠시 쉬는 것입니다. 릴랙스하고 심호흡을 합니다. 자리에서 벗어나 10분 정도 바람을 쐽니다. 내 평소의 리듬을 알고 그 리듬으로 돌아가보려는 시도를 해봅니다. 처음에는 힘들지만 어렵지 않게 해낼 수 있습니다. 긴장의 수위를 10% 낮추는 것만으로도 불안을 느낄 빈도는 확연히 줄어듭니다. 성실하고 책임감 강한 사람일수록 불안을 한번 느끼기 시작하면 쉽게 멈출 수 없는 이유가 짧게 쉴 줄 모르기 때문이더라고요.

내가 좋아하는 나만의 휴식 방법을 여러가지 갖고 있으면 좋겠죠. 좋아하는 음악을 들을 수도 있고, 산책을 갈 수도 있고, 옛날에 좋아하던 영화를 볼 수도 있어요. 물론 여기에는 간단한 조건이 붙습니다. 혼자, 짧게, 매일 할 수 있어야 한다는 겁니다. 그러니까 여럿이 있어야만 할 수 있는 테니스나 골프 같은 운동보다는 혼자서 할 수 있는 걷기, 달리기 같은 운동이어야 좋고요. 걷는 것도 제주 올레길같이 제주도 사시는 분이 아니면 매일 걸을 수 없는 길보다는 언제든 갈 수 있는 동네 산책로를 걷는 것이 더 좋습니다. 내가 좋아하는 드라마를 한편 한편 초콜릿 까먹듯이 보는 것처럼, 혼자 짧게 매일 할 수 있는 것들을 두세가지 마련해두고 불안과 우울이 찾아올 때 이리저리 돌려써보세요. 저의 경우에는 울적하고 머리 복잡할 때 잠깐씩 만화책을 읽곤 합니다. 저 스스로에게 주는 일종의 치료제이자 상 같은 것이지요. 불안을 완전히 없앨 수 없지만, 어느 수위까지 차올라 왈칵 넘쳐흘러서 내 주변으로 퍼져버리지 않게는 할 수 있습니다.

우리는 생각보다 튼튼하고
잘 망가지지 않습니다

제가 어떤 유튜브 채널에 나갔는데 거기 댓글 하나가 달렸어요. 오래전 청소년 환자로 봤던 분이 저를 비난하는 댓글을 올린 거예요. 자기는 너무너무 우울하고 힘들어 죽을 것 같아 찾아갔는데 저 의사는 그냥 잘 먹고 잘 자란 말만 하더라. 그걸 보고 다른 사람들도 어떻게 의사가 그럴 수 있냐 하고 동의를 해주고 추천을 해주니까 그 댓글이 맨 위에 뜨게 됐어요. 열심히 찍었는데 잘 안 된 것 같고, 조회수도 낮은 것 같아 속상하더라고요.

제가 왜 이 이야기를 하냐면 그 와중에 이 친구가 잘 먹니, 잘 자니 물어본 것을 아직도 간직하고 있구나 싶어서 조금 뿌듯하기도 했기 때문이에요. 제가 정신분석 전공했고요, 책도 20권 이상 썼습니다. 틈틈이 공부도 많이 하지만 제가 환자들을 점검하고 상태에 대한 이야기를 나눌 때 하는 말의 반 이상은 잘 먹는지, 잘 자는지 체크하는 거예요. 그리고 그게 잘 돌아가면 일단 안심입니다,라고 얘기합니다. 그게 잘 안 될 때 잘 자고 잘 먹는 루틴을 어떻게 만들 수 있는지 그 이야기를 하는 데 가장 많은 시간을 보냅니다.

보통 건강이라고 하면 슈퍼맨처럼 24시간 일을 해도 전혀 지치지 않는 그런 상태를 원합니다. 아니면 매일매일 새로운 아이디어를 내고 매번 엄청난 난관을 뚫고 뭔가를 성취한다든지요. 하지만 건강한 마음을 갖는다는 건 내가 완벽해지는 것을 말하는 게 아니에요. 정상적인 삶을 산다는 건 의외로 때 됐을 때 졸려서 자고요 일정한 시간에 깨고요, 신기하게 별거 한 거 없는데 점심 때 되면 배고프고 오늘은 뭐 먹을까 고민하다가 맛있는 거 먹으면 기분 좋고요, 그런 겁니다. 이렇게 그럭저럭 굴러가고 있으면 일단 안심하셔도 돼요.

거꾸로 먹고 자는 리듬이 깨지고 일상생활을 제대로 할 수 없을 때는 반드시 병원을 찾아야 하는 시점입니다. 이게 좀 어려운 게요. 예를 들면 어지러워서 병원에 가면 혈압을 재서 빈혈이네요, 진단하는 객관적 검사라는 게 있잖아요. 그런데 정신의학은 아직 그런 게 없거든요. 내가 불안하다고 하는 것은 어디까지나 주장이에요. 그걸 과하게 이야기하는 사람도 있는 반면 참느라고 벌벌 떨면서도 하나도 안 불안한데요 하는 사람도 있죠.

중요한 건 내 생활 리듬, 생리적으로 배고프다 졸리다 하는 것들은 내가 어떻게 할 수 있는 문제가 아니니까, 이 리듬이 깨진다는 것은 몸과 마음에 다 위험한 신호라는 점을 기억하는 겁니다. 생각해보세요. 전쟁통에 태평하게 잠을 자거나 밥을 먹는 게 가능하겠어요? 하지만 지금은 전쟁 중이 아닌데 몸이 그렇다고 인식하고 있으면 곤란하겠죠. 건강할 때는 알아서 돌아가던 자율신경계 시스템에 이상이 있다는 판단이 들 때는 혼자 의지로 극복할 수 없는 경우가 더 많습니다. 이걸 의지, 정신력으로만 해결하려고 하지 마시고 필요할 땐 의료기관을 충분히 이용하라는 말씀입니다.

어떤 분들은 너무 괴로운데 보험에 무슨 기록이 남을 것 같아서 절대 안 오시는 분들도 있어요. 그런데 전국적으로 전철역 주변, 도심 지역 건물 4, 5층 한번 둘러보시면 정신건강의학과가 정말 많거든요. 그만큼 많이들 가세요. 그리고 다음 주에 한번 가볼까 하고 전화하면 예약이 거의 안 될 거예요. 거의 풀로 차 있어요. 특히 2030 정말 많이 오세요. 그러니 나를 이상하게 보지 않을까, 한번 약을 먹으면 평생 먹어야 하는 것은 아닐까 큰 걱정 하지 않고 병원을 찾아도 괜찮습니다.

여러분들은 절대 안 보시겠지만 제가 보는 국제 정신분석 학회 30~40페이지짜리 논문들에 저명한 저자들이 10~15년 주 4~5회씩 정신분석을 통해 어떻게 환자를 치료했는지 쓰여 있습니다. 그런데 그 끝이 어떤지 아세요? 환자는 결국 사업을 크게 일으켜 나스닥 상장을 했다, 이런 얘기 안 나옵니다. 아이를 낳을 수 있게 됐다, 독립 이후 평생을 방문하지 않던 어머니를 만나러 갈 수 있게 됐다, 한 사람과 길게 관계를 맺을 수 있게 됐다, 같은 것들이 그 치료의 결말이에요. 그런 기본적인 것이 안 됐기 때문에 그 환자들이 그토록 길게 정신분석을 받은 것입니다.

너무 어렵게 생각하지 말자는 겁니다. 생각보다 우리는 튼튼하고 생각보다 잘 안 망가져요. 제 시간에 자고 제 시간에 일어나고 잘 먹고 끼니 거르지 않는 것만으로도 좋아하는 것들 하고 싫은 것들 하지 않을 수 있는 원동력이 생겨요. 물론 문제가 생겼다면 병원에서 적절한 치료를 통해 개선할 수 있고요.

저는 이렇게 말씀드립니다. 나하고 좀 친해지라고요. 내가 나를 너무 다그치고 조교나 선생님같이 굴면 사는 게 재미없어요. 나를 잘 알고 친밀하게 느끼고 어떨 때는 안타까울 때도 있고 응원하게도 되고. 이렇게 내가 나와 베프가 되는 느낌으로 지내보면 스트레스가 제로가 될 수는 없지만 그렇다고 웬만한 일이 나를 쓰러뜨리거나 휩쓸어가거나 무(無)로 만들지도 못해요. 물론 아주 운 나쁜, 재수 없는 일들이 일어나기도 하지만 우리에겐 하루하루 살아가는 길밖에 없지 않겠어요? 힘들면 힘든 대로 힘들어하며 사는 거라는 마음을 갖는 게 인생살이 아닌가 하는 생각을 합니다.

제가 좋아하는 명언이 하나 있는데 쇼펜하우어의 말입니다. '약간의 근심과 걱정은 배의 밑짐과 같다.' 배는 밑짐이 꽤 단단하게 있어야 흔들리지 않고 앞으로 나아갈 수 있다고 해요. 불안, 근심과 걱정이라는 게 아예 없으면 나라는 배가 오히려 흔들흔들해요. 부정적으로만 생각했던 이 감정들을 우리가 더욱 잘 살 수 있게 뒷배를 받쳐주는 존재, 인생의 상수 같은 것으로 생각해보시면 좋을 것 같습니다.

묻고 답하기

주위를 둘러보면 남들은 다 '갓생' 사는데 저는 그러고 싶은 의욕조차 들지 않아서 불안합니다. 이런 저는 어떻게 하면 좋을까요?

SNS를 보면 나만 뒤처지는 것 같죠? 미라클 모닝을 100일째 하는 사람, 매일 5킬로미터씩 러닝을 하는 사람, 퇴근 후 일본어 학원을 다니면서 JLPT 시험을 보는 사람들을 보면 '나는 왜 이러나' 하는 마음이 들 것입니다. 하지만 이건 보여주는 것일 뿐이에요. 그들도 삶의 다른 측면에서는 저렇게 에너지 120%로 살고 있지만은 않습니다.

한편 '의욕'에 대해서 한가지만 말씀드리고 싶어요. 의욕이 언제나 있는 것은 아니라는 것을요. 의욕이라는 건 자발적으로 뭔가를 하고 싶은 의지와 욕구가 생기는 상태입니다. 그러기 위해서는 에너지가 충분히 있다는 전제조건이 필요합니다. 마음의 여유가 있으니 다른 걸 새로 시작하거나, 책임지고 뭔가 더 해보고 싶은 자발적 욕구가 생기는 것이죠. 의욕은 그런 면에서 아주 바쁘게 살고 있다면 항상 있기 어렵습니다.

그보다 내 마음 안에서 의욕이 생길 때는 이렇게 생각해보세요. 예를 들어서 회의 중 "이번 프로젝트는 누가 맡아서 해볼까요?"라고 팀장이 얘기할 때, 자연스럽게 손을 들어 자원을 하거나 나름의 아이디어를 제시하면서 의견을 개진하고 관철시키고 있다면… 그건 의욕적인 사람으로 거듭났다는 증거가 아니라, 오늘 여러분의 상태가 좋다는 신호입니다.

그런 면에서 의욕이 없다고 우울증이 아니고, 만약 의욕적이면 건강하게 잘 지내고 있다는 증거로 받아들입시다. 불안과 우울은 함께 오기 쉽다는 사실 꼭 기억하길 바라요. 위험하다고 여겨서 내 에너지를 필요 이상 과소비하면 그 결과로 에너지가 모자라게 느껴지는 것은 당연합니다.

너무 완벽하려고 하지 말자는 조언이 반갑게 들리면서도 일이나 공부를 하다보면 최상의 결과를 얻기 위해 노력해야 할 때도 분명히 있는 것 같습니다. 내 능력을 100% 발휘하는 데 있어서 나를 소모하지 않는 선을 지키는 것이 정말 어렵다고 느껴지는데, 어떻게 하면 그 균형을 유지하며 살아갈 수 있을까요?

뇌과학에서 '작업 기억'이라는 개념이 있습니다. 가령 평소에 1 더하기 1은 2라는 결론을 내릴 때 1이라는 숫자와 더하기라는 기호를 처리하기 위해 머릿속에 잠시 가지고 있게 되는데요, 이런 기억은 중요하지 않아 다른 문제가 들어오면 바로 사라지고 맙니다. 마치 컴퓨터의 램(RAM)과 같아서 컴퓨터를 끄면 사라지는 기억입니다. 그런데 만약 램이 꽉 차버리면 컴퓨터가 돌아가지 않듯이 사람도 머릿속에 꼭 가지고 있지 않아도 되는 고민이나 걱정거리들이 차 있으면 그만큼 뇌를 사용하는 능력이 낮아지게 되겠죠.

열심히 사는 사람들일수록 이 용량을 더 확장하려고 하는 경향이 있습니다. 하지만 그럴 수가 없어요. 100% 머리를 꽉 채우게 되면 과부하가 와서 새롭게 생기는 과제나 간단한 업무가 기억에 남지 않고 튕겨져 나가버리는 문제가 발생합니다.

뇌가 가득 차버렸으니까 입력이 되지 않는 거예요. 자꾸 깜빡깜빡 하고 집중도 안 되죠. 그러면서 '내가 ADHD가 아닐까' 해서 병원을 찾아오는 분들도 있어요. 이때 약을 먹어서 집중력을 높여야 할까요. 그게 아니라 거꾸로 걷어내야 하죠. 머릿속의 빈 공간을 만드는 게 뇌를 더욱더 효율적으로 잘 쓸 수 있는 방법이 된다는 점을 기억하시면 좋겠습니다. 뇌를 편안하게 해주세요. 편안한 만큼 우리의 능력을 최대한으로 발휘할 수 있습니다.

최근 '회피형 인간'이라는 용어를 자주 접하게 됩니다. 대체로 깊고 진지한 관계를 맺기 어려워하고 주변 사람들에게 상처나 피해를 주는 부정적 인간형으로 이야기되는데요, '회피형 인간'은 정신의학적으로 유효한 개념인가요?

우선 회피형 인간이라는 진단은 없고, 성격장애 중 '회피성 인격장애'(avoidant personality disorder)라는 것이 있습니다. 사회공포증과 거의 유사한데 성격적 특징이 있기 때문에 이를 회피형 인격장애로 따로 구별하고 있습니다. 성격적 특징은 동전의 앞뒷면과 같아서요, 좋을 때에는 좋게, 나쁠 때에는 나쁘게 표현됩니다.

회피성 성향이 강한 분들은 좋게 말하면 신중하고 위험한 행동을 절대 하지 않습니다. 안전지향적이지요. 그 때문에 흔히들 사고 치지 않고 남에게 해를 끼치지도 않고 조용히 지냅니다. 반면 나쁜 방향으로 일이 진행되어도 자기주장을 하지 못하고 피해를 보는 것이 분명한데도 나서서 해결을 못합니다. 낯선 상황을 극도로 공포스럽게 여기고 피하는 데 우선합니다. 그러니 사회활동을 할 때 매우 제한적인 면이 있지요.

스펙트럼 측면에서 볼 때 성격이 어느 한쪽으로 쏠리는 것은 좋지 않겠죠. 하지만 앞서 말했듯이 회피형이라는 진단이 있는 것이 아니기 때문에 이러한 성향을 바로 병적으로, 부정적으로 판단하는 것에는 문제가 있습니다.

도파민에 대해서 한창 활발히 이야기되는 것 같더니 요새는 옥시토신이나 옥시토신적 관계라는 말을 자주 접하게 됩니다. 도파민과 비교했을 때 옥시토신은 좀 생소한 개념인 것 같은데요, 옥시토신은 어떤 호르몬인가요? 불안과는 어떤 관련성이 있나요?

스트레스의 개념이 알려진 것은 100년이 되지 않았고, 지금까지는 앞서 언급한 '싸울까 도망갈까 반응'을 중심으로 연구가 되었습니다. 그런데 약 30년 전부터 새로운 스트레스 반응이 알려졌는데 그 주인공이 바로 옥시토신(oxytocin)입니다.

원래 옥시토신은 출산 후에 급격히 증가해 자궁을 수축하는 역할을 하는 호르몬입니다. 그래서 이제껏 출산을 전후한 시기가 아니면 분비가 되지 않는 것으로 알았고, 남성들에게는 전혀 필요하지 않은 호르몬으로 생각했죠. 그런데 이상하게도 스트레스 상황에 옥시토신의 분비가 증가하는 것이 관찰되었고 더 깊이 살펴보니 친사회적 행동과도 관련성을 보이는 것입니다.

알고 보니 스트레스에 대한 반응에는 두 축이 있었던 것이죠. 맞서 싸우기 위해 각을 세우거나 일단 도망가서 안전거리를 확보하려는 쪽이 있다면, 고통을 줄이고 타인과 친화력을 높여 연대해 마음의 안정을 찾는 다른 쪽이 존재해왔던 것입니다.

출산 후 자궁을 수축해서 새끼를 낳고 나면 그다음에 가장 중요한 행동은 어미의 돌봄이죠. 이처럼 옥시토신이 돌봄 행동을 하도록 부추기니까, 출산 기간이 아니라 해도 옥시토신이 분비되면 상대에게 다가가고, 돌봐주고 싶고, 접촉하고 싶은 욕구가 증가하는 것입니다.

게다가 옥시토신은 스트레스로 인한 뇌의 자동적 공포반응을 둔화시킵니다. 그 결과로 더욱 용감해지기도 하는데요, 새끼를 보호하기 위해 무모할 만큼 매섭게 방어하는 어미 동물의 용감함에는 이렇게 옥시토신의 기능도 한몫했다고 봅니다.

불안하고 스트레스가 생기면 옥시토신이 분비되고, 이것이 친사회적인 행동을 증가시켜 타인을 돕고 서로 뭉치게 한다, 이렇게 간단히 정리해볼 수 있습니다. 혼자 독고다이로 싸우는 것도 생존에 필요하지만 인간은 뭉칠 때 더 강해지는 존재죠.

불안장애 진단을 받고 항불안제를 복용 중입니다. 약을 먹으면서도 항불안제가 몸에 어떻게 작용해 불안을 낮춰주는 것인지 잘 모르고 있어서 불안합니다(?) 항불안제는 무엇인지 항불안제의 작동 원리나 부작용 등에 대해 알려주세요.

가장 대표적인 항불안제는 벤조다이아제핀 계열의 약입니다. 로라제팜, 다이아제팜, 알프라졸람과 같은 이름의 약이죠. 작용 기전은 중추신경계의 대표적 억제성 신경전달 물질로 신경세포의 흥분을 감소시키는 기능을 하는 GABA의 효과를 향상시키는 것입니다. 이를 통해 불안을 줄이고, 수면을 유도하고, 근육을 이완하며, 경우에 따라서는 경련을 줄이기도 합니다.

벤조다이아제핀은 무척 효과적이고, 복용 후 약효도 30분 안쪽이니까 꽤 신속합니다. 하지만 이 약의 문제점은 사람에 따라 오래 복용하면 더 많은 양의 약을 자주 복용해야 하는 내성이 생기고, 끊으면 금단증상을 경험하기도 하는 등 의존성이 생기는 것이니 반드시 의사와의 상의하에 복용 및 단약하셔야 합니다.

조금 다른 이야기이지만 정신과 약에 대해 많은 사람들이 가지는 오해 중 하나가 한번 약을 먹기 시작하면 평생 먹어야 한다는 것입니다. 사실은 전혀 그렇지 않아요. 만일 그랬다면 저는 지금 이 글을 쓸 여유도 없을 거예요.(웃음) 제가 20년간 한곳에서 진료하며 하루에 2~3명의 새 환자를 만나고 있으니 환자들이 계속 쌓여만 간다고 상상해보세요.

약은 어디까지나 단기적인 처방을 통해 환자의 민감도를 낮춰주는 역할을 합니다. 세상이 생각보다 안전하다는 느낌을 가질 수 있도록 도와주죠. 그러한 감각을 익히면서 약은 점차 줄여나가게 됩니다. 그러니까 약이라는 것은 추운 겨울날 입는 두꺼운 외투나 모자, 장갑 같은 것이라고 볼 수 있어요. 내가 추위를 탈 때는 필요하지만 따뜻한 봄이 오거나 내 몸이 건강해지면 벗으면 돼요. 어디까지나 도구로써 받아들이고 사용할 수 있는 것입니다.

물론 질환 및 증상의 특성과 심각도에 따라 장기간 약물 치료가 필요한 경우도 있습니다. 예를 들어 재발을 반복하는 조현병, 노화로 생긴 치매는 평생 약을 먹으면서 관리를 해야 합니다. 지금 다루는 불안과는 체급이 다르다고 볼 수 있죠. 내과에 가더라도 감기 때문에 갈 때와 당뇨병을 관리하러 다니는 것은 다르지요? 그만큼 정확한 진단과 그에 따른 처방에 맞춰 정해진 기간 동안 필요한 약물을 복용하면 문제 될 일이 없습니다.

주변에 알게 모르게 불안장애를 겪는 가족, 친구, 지인들이 있습니다. 불안장애로 고통받는 이의 주변 사람들은 무엇을 할 수 있을까요? 그들에게 도움을 주기 위해 곁에 있는 사람들이 가져야 할 중요한 지침이 있는지 궁금합니다.

그들이 겉으로는 멀쩡해 보여도 내가 짐작하는 것보다 무척 고통스럽고, 하루하루 생활해나가는 것이 쉽지 않다는 것을 이해하고 공감하려는 마음이 중요합니다. 적극적으로 나서서 손 내밀어주는 것도 좋겠지만 불안이 많은 분들은 위축되어 있고, 머뭇거리며 변화에 나서기 어려워합니다. 제안은 하되, 거절을 하더라도 상처받지 말고 변화의 길로 나아가기를 기다려주는 인내와 여유가 필요합니다. 불안으로 힘들어할 때 고립감과 무력감을 강하게 느끼므로 안전망을 제공해주세요. 위기 상황에 함께 있어줄 수 있는 존재가 멀지 않은 곳에 있다는 사실을 아는 것만으로도 큰 위안이 될 것입니다.

기억하고 싶은 문장

불안은 사라질 수 없습니다.
하지만 불안은 길들일 수 있습니다.

그러기 위해선 무엇이 필요할까요? 아는 만큼 보인다고 하죠. 일단 불안이 뭔지 이해해야 합니다. 내가 무언가를 두려워하고 있다면 그것을 볼 줄 아는 눈을 갖는 겁니다.

불안은 사라질 수 없습니다.
하지만 불안은 길들일 수 있습니다.

우리가 '불안'이라고 이름 붙였을 뿐
감정 자체는 잘못이 없어요.

    불안을 전혀 느끼지 않는 사람은 어떤 사람이라고 생각하
시나요? 답은 매우 위험한 사람입니다. 적당한 정도의 불안은
나를 지키는 기능을 합니다. 다만 이게 불편하고 낯설고 힘들
어질 때 증상으로 규정하는 것이죠.

우리가 '불안'이라고 이름 붙였을 뿐
감정 자체는 잘못이 없어요.

어떤 일이 일어나는 까닭이나
의미를 잘 모른다고 해도 나쁜 게 아닙니다.

우리에게 필요한 것은 이 불확실성이라는 것을 호기심 어린 눈으로 바라보려는 노력입니다. 더 정확하게 계산해서 모든 것을 통제하는 게 아니라요. 열린 미래 속을 기꺼이 헤매고자 하는 자세를 갖는다면 불확실성이라는 녀석이 그렇게 두려운 것만은 아니게 다가올지도 모릅니다.

어떤 일이 일어나는 까닭이나
의미를 잘 모른다고 해도 나쁜 게 아닙니다.

우리는 생각보다 튼튼하고
생각보다 잘 안 망가져요.

    너무 어렵게 생각하지 말자는 겁니다. 제 시간에 자고 제 시간에 일어나고 잘 먹고 끼니 거르지 않는 것만으로도 좋아하는 것들 하고 싫은 것들 하지 않을 수 있는 원동력이 생겨요. 물론 문제가 생겼다면 병원에서 적절한 치료를 통해 개선할 수 있고요.

우리는 생각보다 튼튼하고
생각보다 잘 안 망가져요.

교양100그램 5

나는 왜 이유 없이 불안할까

초판 1쇄 발행 / 2025년 3월 14일

지은이 / 하지현
펴낸이 / 염종선
책임편집 / 이선엽
조판 / 신혜원
펴낸곳 / (주)창비
등록 / 1986년 8월 5일 제85호
주소 / 10881 경기도 파주시 회동길 184
전화 / 031-955-3333
팩시밀리 / 영업 031-955-3399 편집 031-955-3400
홈페이지 / www.changbi.com
전자우편 / human@changbi.com

ISBN 978-89-364-8077-6 03180